Peter Kohrs

Besser in Deutsch

7. Klasse

Cornelsen
Power Learning

Der Autor des Buches: Peter Kohrs ist ein erfahrener Deutschlehrer und als Autor von erfolgreichen Lernhilfen zur Rechtschreibung und Grammatik bekannt.

Cornelsen online http://www.cornelsen.de

Bibliografische Information
Die Deutsche Bibliothek verzeichnet diese Publikation in der Deutschen Nationalbibliografie; detaillierte bibliografische Daten sind im Internet über http://dnb.ddb.de abrufbar.

Dieser Band folgt den Regeln der deutschen Rechtschreibung, die von August 2006 an gelten.

8.	7.	6.	5.	4.	Die letzten Ziffern bezeichnen
10	09	08	07	06	Zahl und Jahr der Auflage.

Redaktion: Heike Friauf, Berlin
Gesamtgestaltung: Dagmar & Torsten Lemme, Carola Fuchs, Berlin
Umschlagentwurf: Bauer + Möhring, Berlin
Illustrationen: Roland Beier, Berlin
Repro: City Repro, Berlin
Druck und Bindung: Tesinska Tiskarna, Cesky Tesin
Printed in the Czech Republic
ISBN 13:978- 3-589-22358-9
ISBN 10: 3-589-22358-8

Gedruckt auf säurefreiem Papier,
umweltschonend hergestellt aus chlorfrei gebleichten Faserstoffen.

Inhalt

Kleines Rechtschreibtraining zur Wiederholung ... 6
e oder *ä*? *eu* oder *äu*? ... 6
d oder *t*? *b* oder *p*? *g*, *k* oder *ch*? ... 7
Kurz oder lang gesprochen? – Doppelter Konsonant oder einfacher Konsonant? ... 9

S-Laute: *s*, *ss*, *ß* ... 12

Groß- und Kleinschreibung ... 18
Nomen/Substantive werden großgeschrieben ... 18
Klein- und Großschreibung von Verben ... 22
Klein- und Großschreibung von Adjektiven ... 25
Schreibung von Adjektiven im Satzzusammenhang ... 27
Klein- und Großschreibung anderer Wortarten ... 28

Schreibung von *das* und *dass* ... 31

Zusammen oder getrennt? ... 36
Zusammensetzungen ... 36
Zusammensetzung oder Wortgruppe? ... 42

Das Verb und seine Tempusformen ... 45

Satzglieder und ihre Rollen im Satz ... 49
Subjekt, Prädikat und Objekt ... 49
Die adverbiale Bestimmung ... 50
Das Attribut – ein Satzgliedteil ... 54
Adverbiale Bestimmung oder Attribut? ... 57

Beschreiben oder Berichten? ... 60

Die indirekte Rede ... 64

Die Inhaltsangabe ... 68

Passende Formulierungen ... 74

Beschreiben und Charakterisieren ... 77

Arbeit am Sprachstil 81

Die Konjunktion 84
Nebenordnende Konjunktionen 84
Unterordnende Konjunktionen 86

Kommasetzung 88
Komma bei Aufzählungen 88
Komma bei Einschüben im Satz, bei nachgestellten Bestimmungen ... 89
Komma bei Ausrufen und Anreden 90
Kommas bei erweiterten Infinitiven 91
Komma zwischen Hauptsätzen (Satzreihe) 92
Komma zwischen Hauptsatz und Gliedsatz (Satzgefüge) 93

Quellenangaben
S. 74: Elke Kahlert, „Die beste Entscheidung“, aus: Ein Herr namens Knigge, Domino Verlag, München 1969

Vorwort

Liebe Schülerin, lieber Schüler!

Du hast hier ein Buch zum Lernen, Wiederholen und Üben in der Hand.
Die Themen sind in kleinen, verständlichen Schritten aufbereitet.
An vielen Stellen kannst du selbst in das Buch hineinschreiben.
Kontrolliere deine Ergebnisse mit dem Lösungsheft.

Mit diesem Buch kannst du auf *zweierlei Weise* arbeiten:

1. **Möglichkeit:**
   Du fühlst dich insgesamt in Deutsch unsicher. Dann arbeite das Buch von vorne bis hinten durch. Nimm dir nicht zu viel auf einmal vor. Bearbeite lieber kleinere Abschnitte, aber dafür regelmäßig, vielleicht sogar täglich.

2. **Möglichkeit:**
   Du kennst deine Lücken. Du weißt, bei welchen Aufgabenstellungen du noch unsicher bist. Dann sieh im Inhaltsverzeichnis nach, picke einzelne Abschnitte heraus, und arbeite sie durch.

Und noch einige praktische Tipps zum Lernen mit diesem Buch:

- ▶ Verwende zum Eintragen ins Buch einen Bleistift. Fehler kannst du dann leichter ausbessern.
- ▶ Bist du dir beim Lösen der Übungsaufgaben nicht ganz sicher, sieh dir die Beispiele noch einmal genau an.
- ▶ Vergleiche deine Ergebnisse mit dem Lösungsheft. Überprüfe bei Fehlern immer genau, was du falsch gemacht hast.
- ▶ Bearbeite die Übungsaufgaben nach einigen Tagen noch einmal. So kannst du zusätzliche Sicherheit gewinnen.

Die *Symbole* am Seitenrand bedeuten:

Wichtige Regel: Präge sie dir genau ein.

Übungsaufgabe: Löse sie im Buch oder in einem separaten Heft.

Test: Überprüfe, ob du den Stoff dieses Kapitels schon beherrschst.

Kleines **Rechtschreib**training zur Wiederholung

Viele Rechtschreibprobleme lassen sich durch Verlängern und Ableiten mithilfe verwandter Wörter oder durch genaues Sprechen und Hinhören lösen.

Beispiel für eine Ableitung:	das Band	– verwandtes Wort: binden
Beispiele für genaues Sprechen:	sie sang	– andere Wortform: singen
	Garten	– Karten
	leiden	– leiten

e oder *ä*? *eu* oder *äu*?

Die richtige Schreibung kann man oft dadurch feststellen, dass man sich die **Bedeutung** klarmacht und ein **verwandtes** Wort sucht.

Übung 1

Setze ***ä*** oder ***e*** ein. Leite die Wörter mit ***ä*** durch ein verwandtes Wort mit ***a*** ab. Drei Wörter werden mit ***e*** geschrieben.

w_ä_hlen	– Wahl	das Gesch__nk	– ______
das H__md	– ______	aufw__ndig	– ______
die B__rte	– ______	k__mpfen	– ______
die F__hrte	– ______	die D__cher	– ______
die L__hmung	– ______	die Fl__che	– ______
t__glich	– ______	die Bl__tter	– ______
v__terlich	– ______	pr__chtig	– ______
ents__tzlich	– ______	dr__ngeln	– ______
z__hlen	– ______	h__sslich	– ______

Übung 2

Erkläre die Schreibung der Wörter mit ***äu*** durch ein verwandtes Wort mit ***au***.

häufig (______________________) säubern (______________________)

Fräulein (______________________) Wiederkäuer (______________________)

schäumen (______________________) träumen (______________________)

zerstäuben (______________________) Räuber (______________________)

Übung 3

Äu oder ***eu***? Gib für die Wörter mit ***äu*** ein verwandtes Wort mit ***au*** an.
Drei Wörter werden mit ***eu*** geschrieben.

St___er – ________________ h___slich – ________________

l___ten – ________________ M___se – ________________

H___ptling – ________________ Geh___se – ________________

gebr___chlich – ________________ R___e – ________________

Sch___ne – ________________ B___me – ________________

Gem___er – ________________ S___re – ________________

Gel___te – ________________ R___me – ________________

d oder *t*? *b* oder *p*? *g*, *k* oder *ch*?

Um die Wörter mit diesen Buchstaben im Inlaut oder Auslaut richtig zu schreiben, kannst du die folgenden Hilfen einsetzen.

1. Vergleiche mit Wörtern der gleichen Wortfamilie.
Beispiel: Bun**d** kommt von bin**d**en

2. Vergleiche mit einer anderen Form des Wortes:
- bei Verben zum Beispiel mit dem Infinitiv
  Beispiel: er glau**b**t – glau**b**en
- bei Nomen zum Beispiel mit dem Plural
  Beispiel: das Fel**d** – Fel**d**er
- bei Adjektiven mit einer flektierten Form oder mit einer gesteigerten Form
  Beispiel: run**d** – ein run**d**er Platz, lan**g** – län**g**er

Übung 4

Setze bei den Wortpaaren jeweils zwei verschiedene Buchstaben ein.
Bei deutlichem Sprechen kannst du heraushören, um welches Wort es geht.
Mache dir im Zweifelsfall die Bedeutung des Wortes klar.

Deich	– Teich	__ärchen	– __ärchen
(Schutz)	(Gewässer)	__reis	– __reis
En__e	– En__e	la__en	– La__en
__ass	– __ass	rau__en	– Rau__en
__acken	– __acken	__latt	– __latt
Sei__e	– Sei__e	Ge__äck	– Ge__äck
lei__en	– lei__en	__ellen	– __ellen

Übung 5

G oder ***k*** oder ***ch***? Setze den richtigen Buchstaben ein. Löse die Aufgabe durch deutliches Sprechen oder durch Ableiten. Schau dir dazu die Hilfen auf S. 7 an.

Stri___ , Weinber___ , Krie___tier, Viehzu___t, Tatverda___t, Knochenmar___ ,

Motorflu___ , Krie___sgerät, Käfi___ , Entenja___d, Flu___tauto, Par___platz,

freundli___ , drolli___ , gerin___ , genu___ , er rin___t

Übung 6

D oder ***t***? Ergänze jeweils in den Wortpaaren. Gib in der Klammer einen Hinweis auf die Schreibung, zum Beispiel eine Verlängerung, bei der man die richtige Schreibung heraushört.

Ra__ (____________________) – Ra__ (____________________)

Ba__ (____________________) – er ba__ (____________________)

er häl__ (____________________) – Hel__ (____________________)

Übung 7

Korrigiere die Stilblüten und Fehler, indem du den falschen Buchstaben durchstreichst und den richtigen darüberschreibst.

Der Lehrer erteilt dem Mädchen einen gut gemeinten Radschlag.

Zuerst sang unser Musiklehrer, danach sanken wir.

Ein Feltherr braucht nicht immer ein Lantwirt zu sein!

Übung 8

Setze die richtigen Buchstaben ein.

Das ist ein Hammer

„Warum ist deine Han__ verbunden?"

„Ich wollte eine Flie__e an der Wan__ totschlagen."

„Na und?"

„Es war ein Na__el!"

Überprüfe und trage die Lösungswörter ein.

Die Schreibung von zwei Wörtern kannst du durch deutliches Sprechen und genaues Hinhören herausfinden: ____________________ ____________________

Die Schreibung von zwei Wörtern kannst du durch Ableiten herausfinden:

____________________ ____________________

Kurz oder lang gesprochen? – Doppelter Konsonant oder einfacher Konsonant?

! Folgt auf einen kurzen Vokal im Inlaut ein Konsonant, so wird dieser oft verdoppelt; folgt ein Konsonant nach langem Vokal, so wird dieser nie verdoppelt.

Beispiele: der Ka**mm**, er ka**m**

der Kamm: ↑ kurzer Vokal

er kam: ↑ langer Vokal

Übung 9

Welche Wörter haben den gleichen Anfangsbuchstaben und den gleichen Vokal im Inlaut? Stelle gegenüber.

Sparren, Robe, Stahl, Kehle, Kohle, matt, Kahn, Sohle, riesig, Biest, Bahre, Span, Hütte, sparen, Hüte, Robbe, spannen, kollern, Kelle, Stall, Barren, bissig, rissig, Maat, Kanne, sollen

Wörter mit kurz gesprochenem Vokal	Wörter mit lang gesprochenem Vokal
Damm	Dame

Übung 10

Erkläre die Schreibung der rot gedruckten Buchstaben durch ein verwandtes Wort oder eine andere Wortform. Schreibe dahinter.

herrlich – Herren

Rollkur – ____________________

himmlisch – ____________________

er fällt – ____________________

er sonnt sich – ____________________

er gewinnt – ____________________

Vorkommnis – ____________________

Tippfehler – ____________________

Kippvorrichtung – ____________________

Folgen auf einen kurzen Vokal im Inlaut zwei Konsonanten, so wird meistens keiner verdoppelt.

Beispiele: das Geld, mild

↑ ↑

zwei Konsonanten

Übung 11

Erkläre jeweils die Schreibung des doppelten Konsonanten, indem du eine andere Wortform oder ein verwandtes Wort dahinterschreibst.

Kante – er kannte (kennen)

Hemd – er hemmte ____________________

sie hält das Buch – es hellt sich auf ____________________

das Gewand – ihr gewannt ____________________

wir sind – sie sinnt ____________________

hart – sie harrten ____________________

das Rind – es rinnt ____________________

das Feld – es fällt ____________________

S-Laute: *s, ss, ß*

Hier sind die wichtigsten Hilfen für die Schreibung des s-Lautes.

1. Das gesummte weiche *s* wird immer mit einfachem *s* geschrieben.
Beispiele: Rei**s**e, **S**ohle

2. Ein gezischt ausgesprochener s-Laut wird mit einfachem *s* geschrieben, wenn in verwandten Wörtern oder anderen Formen dieses Wortes ein gesummtes *s* zu hören ist.
Beispiele: Glei**s** – Glei**s**e, Lo**s** – Lo**s**e, er spei**s**te – spei**s**en

Ist das nicht der Fall, gilt:

3. Ein gezischtes oder scharf ausgesprochenes *s* wird *ss* geschrieben, wenn ein **kurzer** Vokal vorausgeht.
Beispiele: Ta**ss**e, Ha**ss**, sie lä**ss**t

4. Ein scharf ausgesprochener s-Laut wird *ß* geschrieben, wenn ein **langer** Vokal oder Doppellaut vorausgeht.
Beispiele: hei**ß**en, Fü**ß**e, Gru**ß**

5. Du schreibst *s* bei den Lautverbindungen *st, sp, sk*.
Dann gehört das *s* deutlich zu den Buchstaben *t, p, k*.
Beispiele: hastig, Last, Speck, du hast, fast, fest, Maske, Spur

6. Einige kleine Wörter schreibt man am Ende mit *s*.
Diese muss man sich gut merken:

als, bis, das, des, es, falls, hinaus, los, morgens, nirgends, raus, uns, vergebens, was

Übung 1

Setze *s, ss* oder *ß* richtig ein. Schreibe die Nummer der Regel aus der Zusammenstellung in das Kästchen.

☐ ___ahne, Va___e, Do___e, Ro___e, lei___e, schmau___en, Häu___er

☐ Prei___, er krei___t, Auswei___, sie gra___ten, Glei___, er bewie___

☐ Flü___e, Bi___e, fre___en, Schlü___el, Kü___chen, Ku___, Ri___, Pa___, Flü___chen, Schlu___, hä___lich

☐ Sträu___e, Stra___e, Ma___

☐ ha___tig, Hu___ten, Ka___ten, Mu___kel, Ra___pel

☐ nirgend___ , wenigsten___ , vergeben___

☐ au___ , rau___ , e___ , bi___

Übung 2

Setze ein *s, ss, ß*. Wende dabei die Regeln an.
Schreibe die Nummern in das Kästchen.

☐ wa___	☐ flü___ig	☐ al___
☐ Ro___	☐ Me___er	☐ Flö___e
☐ La___tenträger	☐ e___en	☐ A___t

Übung 3

Trage ein: *s, ss, ß*.

Sie kü___te ihn an der Kü___te; er fühlte ihren Ku___ und wollte sie auch kü___en, da machte sie mit einem letzten Ku___ Schlu___ .

„La___ da___ und fa___ mich nicht an!"

Aber sie konnte e___ nicht la___en,

ihn anzufa___en. Fa___t verlor er

seine Fa___ung.

Sie konnte es nicht fa___en.

Da___ i___t ein Tro___t:

Auch wer regelmä___ig ver___agt,

ist zuverlä___ig.

Übung 4

Schreibe die Wörter mit einem s-Laut in der üblichen Schreibweise heraus. Beachte dabei: *ß* gibt es nicht als Großbuchstaben. Für *ß* steht in diesen Werbetexten deshalb *ss*. Ordne den jeweiligen Wörtern die Hilfen zu, indem du dahinter die jeweilige Nummer schreibst (1–6).

GROSSES PREISRÄTSEL	großes	☐
		☐
EINLASS AB 16 UHR		☐
MIT KLASSE		☐
KÖSTLICHER GENUSS		☐
WAS MIETER WISSEN SOLLTEN …		☐
		☐
		☐
KURZ VOR SCHLUSS		☐
UNSER MASSSTAB!		☐
		☐
BLONDINE MIT BISS		☐
DER KUSS DER MUSE		☐
		☐
WIE HEISS?		☐
DIE LÄSSIGEN KOMMEN!		☐
REKLAME MUSS SEIN		☐
ICH VERLIESS IHN		☐
BESUCHEN SIE DIE GRÖSSTE KUNSTGALERIE		☐
		☐
		☐
		☐
WARUM ES BESSER WIRKT		☐

Beachte: Die Vorsilbe ***miss-*** wird immer mit *ss* geschrieben.

Übung 5

Bilde aus den folgenden Wörtern neue Wörter mit der Vorsilbe *miss-*. Ordne die Wörter in die Tabelle ein. Stelle dabei die vorgegebenen und neuen Wörter gegenüber. Beachte, dass bei zwei Verben die alte Vorsilbe wegfällt.

billigen, achten, gefallen, Ernte, Brauch, glücken, günstig, gelingen, deuten, Geschick, brauchen, Verständnis

Nomen	Verb	Adjektiv
Ernte – Missernte		

Übung 6

Forme die folgenden Verben in Nomen um.

misstrauen – das Misstrauen

missbrauchen – der ______

misshandeln – die ______

missachten – die ______

missfallen – das ______

missverstehen – das ______

Setze jeweils eines der Verben in der gebeugten Form in einen passenden Satz ein. Tempusform: Präsens.

Er misstraut dem großzügigen Angebot des Geschäftsmannes.

Der Junge __________________ die gut gemeinten Ratschläge seines Freundes.

Sie __________________ ihre Freundin und geht beleidigt weg.

Die neue Platte des Superstars __________________ ihm.

Beachte: Die Nachsilbe ***-nis*** wird immer mit *s* geschrieben.

Übung 7

Leite aus den Verben und Adjektiven Nomen mit der Endung ***-nis*** ab.

Test

Coole Sprüche

Ein Krei___ mu___ rund sein,
auch an den Ecken!

Wi___en ist Macht,
nicht___ wi___en
macht auch nichts!

E___ genügt nicht,
keine Gedanken zu haben,
man mu___ auch
die Fähigkeit haben,
sie au___zudrücken.

Ich wei___ wohl
eine Lösung,
aber die pa___t nicht
zu meinem Problem!

Woher soll ich wi___en,
wa___ ich denke,
ohne gehört zu haben,
wa___ ich sage.

Bescheidenheit ist die Kun___t,
andere herau___finden
zu las___en,
wie wichtig man ist.

Wenn man eine Katze
so dre___iert hat,
da___ sie über einen Flu___
fliegen kann, dann gibt e___
gan___ bestimmt Neidhammel,
die behaupten, das Tier sei
ja nur wa___erscheu!

Wer barfu___ geht,
dem kann man nichts
in die Schuhe schieben.

Mü___iggang
ist allen Glückes
Anfang.

„Über Geschmack
lä___t sich nicht streiten",
sagte der Affe und
bi___ in die Seife.

Groß- und Kleinschreibung

Nomen/Substantive werden großgeschrieben

Erkennungsmerkmale für Nomen/Substantive

- Einem Nomen geht ein Artikel voraus oder man könnte einen Artikel davorstellen.
  Beispiele: **ein** Freund, **der** Mann, **der** Stuhl, **eine** Frau, **die** Wahrheit, **der** Schrank, **das** Kind
- Ein Nomen wird oft durch einen anderen Begleiter eingeleitet.
  Beispiele: Adjektive (**große** Bäume, ein **hoher** Berg)
  Pronomen (**mein** Haus, **dieses** Bild, **welche** Farbe)
  Präposition (**ohne** Hilfe, **vor** Angst, **aus** Not)
- Nomen haben oft bestimmte Endungen.
  Beispiele: Freundlich**keit**, Fremd**heit**, Verbesser**ung**, Freund**schaft**, Margar**ine**, Versäum**nis**, Bäck**er**

Übung 1

Korrigiere den Text, indem du bei allen Nomen den Anfangsbuchstaben großschreibst.

Der fuchs und der kranich *(nach Äsop)*

Der fuchs und ein kranich hatten miteinander freundschaft geschlossen. Der fuchs wollte deshalb den kranich bewirten und bat ihn, sein gast zu sein. Der kranich nahm die einladung an.

Der fuchs hatte einen brei gekocht und ihn auf einem teller breit gestrichen. Der kranich klopfte mit dem schnabel auf dem teller herum, konnte aber nichts fressen. Der fuchs aber fraß alles allein. Als der brei verzehrt war, sprach der fuchs: „Mehr hab ich dir leider nicht anzubieten."
Am nächsten tag war der fuchs gast beim kranich. Dieser hatte eine

suppe zubereitet und setzte sie in einem enghalsigen krug dem fuchs vor. Der fuchs beroch den krug von allen seiten, konnte aber den leckeren inhalt nicht erreichen. Er kam mit seinem dicken kopf nicht in den krug hinein. Der kranich aber pickte und fischte, bis alles restlos verzehrt war. So musste der fuchs mit knurrendem magen heimgehen.

Wie man in den wald hineinruft, so schallt es heraus! Von da an war es vorbei mit der freundschaft zwischen fuchs und kranich.

Übung 2

Schreibe die folgenden Sprichwörter in der gültigen Schreibweise auf:

Miteinerhandschnürtmankeinbündel.

____

Auffünfzigratgeberkommteinhelfer.

____

Glaubenichtalles,wasgeschriebensteht.

____

Bessereinwortzurückhaltenalszweisprechen.

____

Einefüllevonbüchernersetztdengutenlehrernicht.

____

Einleeresfassdröhntlauteralseingefülltes.

____

Übung 3

Leite aus den folgenden Wörtern jeweils ein Nomen/Substantiv mit einer der angegebenen Endungen ab. Setze vor das Substantiv den bestimmten Artikel.

-nis	finster	die Finsternis
-chen	Freund	______________
-er	Schwein	______________
-schaft	gesund	______________
-heit	finden	der ______________
-ling	tapfer	______________
-keit	lehren	______________
-ung	backen	______________
-erei	verhaften	______________

Übung 4

Suche noch drei weitere Ausdrücke mit dem gleichen Begleiter des Nomens.

vor Angst, vor ______________

aus Neugierde, ______________

mit Absicht, ______________

keine Lust, ______________

Übung 5

Stelle mindestens 15 Möglichkeiten zusammen.
Alle diese Ausdrücke werden großgeschrieben.

des	vor	
vor	kein	mit
am	keine	in
eines	ohne	im
beim	durch	einige
zum	voller	aus

Mittwoch, Beispiel, Zeit, Liebe, Durst, Mittwochs, Freitag, Schluss, Male, Essen, Morgen, Erschöpfung, Ernst, Angst, Ärger, Ausnahme, Frühstück, Morgens, Ende, Ruhe

am Mittwoch	___	___
___	___	___
___	___	___
___	___	___
___	___	___

Übung 6

Ergänze jeweils die fehlende Seite.

großgeschrieben: Nomen/Substantiv	**kleingeschrieben:** Adverb
einige **M**onate	___
___	jahrelang
einige **W**ochen	___
___	**t**eils
jeden **M**orgen	___
___	**m**ontags

Übung 7

Ergänze die jeweils fehlende Formulierung.

großgeschrieben	**kleingeschrieben**
am Abend	abends
des Mittags	mittags
über Nacht	___
___	nachmittags
zu Mittag	___
___	sonntags
des Montags	___
an einem Mittwoch	___

Klein- und Großschreibung von Verben

Ein Verb kann wie ein Nomen gebraucht werden und wird dann großschrieben. Im Folgenden sind die wichtigsten Hilfen zusammengestellt.

1. Vor dem Verb steht ein Artikel; dann wird es als Nomen gebraucht und großgeschrieben.
Beispiel: **Das Lesen** strengt ihn an.

2. Das Verb steht zwar allein, aber man könnte einen Artikel davorsetzen.
Beispiel: Hier ist Meckern erwünscht.
Hier ist **das Meckern** erwünscht.

3. Wie bei einem Nomen kann an Stelle eines Artikels vor dem Verb ein Pronomen (Fürwort) stehen (dieses, mein, jenes, welches usw.)
Beispiel: **Sein Schnarchen** weckte sie auf.

4. Nach den Präpositionen *am, beim, vom, zum, im (sowie ans, aufs, ums, ins)* werden Verben großgeschrieben.
In diesen Wörtern ist ein Artikel enthalten *(am = an dem)*.
Beispiel: Er geht **zum Schwimmen**.
Er geht **zu dem** Schwimmen.

5. Auch nach anderen Präpositionen können Verben großgeschrieben werden *(für, durch, ohne, gegen)*.
Beispiel: **Durch Laufen** kann man sich fit halten.
(Vergleiche auch Hilfe 2: Durch **das** Laufen …)

6. Wie bei einem Nomen kann vor einem Verb ein flektiertes Adjektiv stehen.
Beispiel: Im Hausflur ist **lautes Rufen** störend.

Übung 8

Setze den richtigen Anfangsbuchstaben ein. Groß oder klein?

Das ___itführen von Hunden ist untersagt.

Die Besucher werden gebeten, keine Hunde ___itzuführen.

Während der Fahrt ist das ___ffnen der Fenster nicht erlaubt.

Fenster bitte nicht während der Fahrt ___ffnen!

Die Kunden werden gebeten, das ___erühren der Lebensmittel zu unterlassen. Bitte die Lebensmittel nicht ___erühren.

Privatbesitz! ___udern, ___chwimmen und ___ngeln verboten!

Privatbesitz! Es ist hier nicht erlaubt zu ___udern, zu ___chwimmen oder zu ___ngeln.

Konferenzraum. Bitte das ___auchen unterlassen!

Konferenzraum. Die Kollegen werden gebeten, hier nicht zu ___auchen.

Hier darf man ___auchen.

Zum ___auchen bitte das Raucherzimmer im ersten Stock aufsuchen.

Übung 9

Setze die Verben in der angegebenen Reihenfolge und in der richtigen Schreibweise (klein oder groß) in die Lücken ein.

Komische Aufforderungen

Vor dem Duschen sind Mantel und Schuhe nach Möglichkeit abzulegen. Wer vom Einmeterbrett ____________, sollte das laute ____________ von Liedern ein wenig ____________. Auch außerhalb des Deutschunterrichts ist das ____________ spannender Bücher ausdrücklich ____________. Das ____________ nach guten Noten sollte dem Musiklehrer ____________ werden. Durch ____________ und ____________ ist dem Deutschunterricht eine gewisse Lebendigkeit zu ____________. Das tägliche ____________ des Klassenzimmers ist nur in Begleitung einer Leibwache ____________. Für ____________ bei der Klassenarbeit sind vorher genaue Absprachen mit dem Lehrer zu ____________. Jeder hat selbst darauf zu ____________, dass er nicht durch ____________ seine Mitschüler ____________.

~~duschen~~, ~~ablegen~~, springen, singen, einschränken, lesen, erlauben, angeln, überlassen, rufen, schreien, vermitteln, betreten, erlauben, mogeln, treffen, achten, schnarchen, wecken

Übung 10

Setze die Verben aus den Wortspeichern der Reihe nach in der richtigen Schreibweise (klein- oder großgeschrieben) in die Lücken ein. Beachte: Du musst mehrere Male eine Verbklammer bilden.

Fantasiezeugnisse – mal so und mal so

A Sein andauerndes ______________ ______________ die anderen Schüler am ______________ . Insbesondere ______________ er sich durch ______________ . Auch ______________ gehört zu seinen starken Seiten. Beim ______________ von Wörtern ______________ er fantasiebegabtes ______________ . Etwas ganz Besonderes lässt er sich im Musikunterricht ______________ . Durch andauerndes ______________ ______________ er nämlich jedes ______________ . Zum ______________ muss er immer wieder neu aufgefordert werden. Eine seiner Lieblingsbeschäftigungen ist das ______________ der Mädchen. Ob diesen jedoch das ______________ kleiner Briefchen unangenehm ist, konnte noch nicht ermittelt werden.

> stören, hindern, lernen, auszeichnen, dazwischenreden, petzen, schreiben, beweisen, vorgehen, einfallen, brummen, stören, singen, arbeiten, foppen, zustecken

B Dieser Schüler ______________ durch sein besonders intensives ______________ ______________ . Lautes ______________ , ______________ der Nachbarinnen oder sonstiges unangenehmes ______________ , wie ______________ und ______________ auf den Tischen während des Unterrichts, wäre für ihn undenkbar. Bei der Rechtschreibung zeichnet er sich durch logisches ______________ aus. Das ______________ dieses Schülers ______________ geradezu Spaß.

> hervorstechen, arbeiten, reden, stören, verhalten, essen, herumlümmeln, denken, unterrichten, machen

Klein- und Großschreibung von Adjektiven

Adjektive und Partizipien können wie Nomen gebraucht werden.
Sie werden dann großgeschrieben.
Adjektive und Partizipien werden in folgenden Fällen großgeschrieben:

1. Der Artikel bezieht sich auf das Adjektiv oder Partizip.

Beispiele: **Das Gute** überzeugt mit der Zeit.

Das dort zu **Findende** ist von großer Qualität.

Das bereits **Bekannte** sollte man nicht übersehen.

Das Nachstehende muss auch gelesen werden.

2. Der Artikel ist in einem anderen Wort versteckt.
Bespiele: Er erkannte sie **am** (an dem) **Blau** ihres Kleides.
Er war **aufs** (auf das) **Schlimmste** gefasst.

3. Adjektive und Partizipien stehen in Verbindung mit den folgenden Wörtern: *viel, wenig, alles, nichts, allerlei, manches.*
Beispiel: Er erfuhr **nichts Neues**.

4. Der Artikel fehlt. Es könnte aber ein Artikel stehen oder er könnte durch Wörter wie wenig, nichts (vgl. Hilfe 3) ersetzt werden.
Beispiele: Er fuhr **bei** (dem) **Rot** über die Ampel.
Er erfuhr (etwas) **Gutes** und **Böses**.

Übung 11

Forme um und bilde dabei Nomen.

Beispiel: Was **schön** ist, schätzen wir. Das Schöne schätzen wir.

Wer beständig ist, hat oft Erfolg. ______________________

Wir bevorzugen, was wertvoll ist. ______________________

Dem, der müde ist, sollte man eine Liegekur empfehlen. ______________________

____

Wer dick ist, sollte eine Diät machen. ______________________

____

Wer fröhlich ist, singt oft. ______________________

Wer klug ist, bereitet sich auf eine Prüfung frühzeitig vor. ____________________

____

Dem, der fleißig ist, gehört die Welt. ____________________________________

Übung 12

Fülle die Lücken aus. Klein- oder großgeschrieben?

Seine Erlebnisse im Urlaub schilderte er in __rau. Zu einer blauen Jeanshose trug sie einen __rauen Pullover.

Er hatte etwas __nglaubliches erlebt. Als sie ins Erzählen kam, gab sie __nglaubliche Geschichten zum Besten.

Am Sonntag wurde das für die meisten Zuschauer __ichtige Spiel im Fernsehen übertragen. Das war für ihn bei weitem das __ichtigste.

Dem aufrichtig __ittenden wurde sein Wunsch erfüllt. Sie konnte seinem __ittenden Blick nicht widerstehen.

Ich wünsche dir alles __ute zum Geburtstag. Ihr Freund schrieb ihr einen Brief mit allen __uten Wünschen.

Er war bei ihm aufs __chlimmste gefasst. Heute erhielt sie von ihren Freunden die __chlimmsten Nachrichten.

Schreibung von Adjektiven im Satzzusammenhang

a) *Meine* **neue Freundin** hat *die* **schönsten Augen**.

In diesem Satz beziehen sich die *Begleiter* nicht auf das Adjektiv, sondern auf das Nomen/Substantiv. Auch die Adjektive sind hier Begleiter des Nomens. Deshalb werden sie in diesem Satz kleingeschrieben.

b) Von allen meinen **Freundinnen** ist mir Josefa *die* **liebste**.

Auch hier wird das hervorgehobene Adjektiv kleingeschrieben, obwohl ein *Artikel* davorsteht. Das Nomen/Substantiv, auf das sich das Adjektiv bezieht, wurde bereits vorher erwähnt und kann an dieser Stelle in Gedanken ergänzt werden: die liebste (Freundin).

Übung 13

Kennzeichne in den folgenden Sätzen mit a) oder b). Ziehe entsprechende Linien, um die Zusammenhänge zu verdeutlichen.

Ich esse gern rote Äpfel, meine Schwester isst gern die grünen. (__ , __)

Welches Kleid soll ich anziehen, das grüne oder das blaue? (__)

Kennst du schon die neuesten Hits? (__)

Der gerade Weg ist immer der kürzeste. (__ , __)

Zieh den warmen Pullover an! (__)

Das verrostete Fahrrad sieht nun wirklich aus wie eine alte Schrottkiste;

ich brauche unbedingt ein neues. (__ , __)

Zeigen Sie mir bitte ein Paar Turnschuhe, aber preiswerte. (__)

Die schönsten Menschen sind nicht immer die besten. (__ , __)

Klein- und Großschreibung anderer Wortarten

!

Auch andere Wortarten können großgeschrieben werden, wenn sie zu Nomen werden.

Präpositionen (Verhältniswörter)
das **Für** und **Wider**
das **Pro** und **Contra**
das **Vor** und **Nach**

Adverbien (Umstandswörter)
nach vielem **Hin** und **Her**
das **Gestern**
das **Damals** und **Heute**
das **Jenseits**

Konjunktionen (Bindewörter)
das **Wenn** und **Aber**
das **Bevor** und **Nachdem**

Interjektionen (Empfindungswörter)
das **Hallo**
das **Weh** und **Ach**

Pronomen (Fürwörter)
die **Deinen**
das **Was** und das **Wie**
das **Wir**
das **Du**
das **Ich**
das **Mein** und **Dein**
ein gewisses **Etwas**
ein gewisser **Jemand**

Zahlwörter
Zahlwörter werden meistens wie **Adjektive** gebraucht und dann kleingeschrieben: hundert Mark, zwei Jungen, tausend Leute, ein achtel Liter.
Die Zahlen über zwölf schreibt man oft als Ziffern:
1350 Zuschauer (statt tausenddreihundertfünfzig).

Zahlwörter schreibt man groß, wenn sie als **Nomen** gebraucht werden:
ein Achtel, eine Fünf, die Vier, der neue Hunderter
Folgende Zahlwörter werden im Text immer groß- und als Wörter geschrieben: **Million, Milliarde, Billion**.

Übung 14

Trage den passenden Buchstaben ein: klein oder groß?

Ich möchte noch ein __rittes erwähnen.

Für dieses Spiel brauchen wir noch einen __ierten.

Die __rei taucht im Märchen immer wieder auf.

Bei der Sammlung für die Erdbebenopfer beteiligten sich __illionen Menschen.

Für den Ausflug schenkte Oma ihrem Enkel __ehn Mark.

Den __ierten Teil seines großen Gewinns verschenkte er großzügig.

Übung 15

Schreibe das entsprechende Wort über die Zahl.

Für die Aufgabe gab es bei einem richtigen Ansatz 4 Punkte.

$^1/_5$ der Arbeiten war unter dem Strich.

Meine erste 5 in diesem Halbjahr kann ich noch verkraften.

Petra hat eine knappe 4 geschafft, die 2 des kleinen Mannes.

Ehrlich, manchmal schaffe ich eine 1; aber das geht nur am 13. eines Monats; das ist nämlich meine besondere Glückszahl.

Test

Schreibe die Sätze in der richtigen Schreibweise auf.
Vergleiche danach sofort mit den Lösungen im Lösungsheft.

ER WÜNSCHTE IHR FÜR DAS NEUE JAHR ALLES GUTE.

BEIM SPRINGEN VERLETZTE SICH TINA AM KNÖCHEL.

HIER IST RAUCHEN NICHT GESTATTET.

BEI DER VERANSTALTUNG IN DER AULA HERRSCHTE
EIN DAUERNDES KOMMEN UND GEHEN.

MAN SOLLTE MANCHMAL AUCH AN DAS MORGEN DENKEN.

HIER GIBT ES WENIG NEUES.

IHN STÖRTE IHR VERSPÄTETES KOMMEN.

Schreibung von *das* und *dass*

Um ***das*** und ***dass*** richtig zu schreiben, muss man wissen,
zu welcher **Wortart** das jeweilige Wort gehört.

Faustregel: Wenn man durch *ein, dieses, jenes* oder *welches* ersetzen kann, wird ***das*** geschrieben.

Das Wörtchen ***das*** kann dreierlei sein:

1. ***das*** = Artikel (Begleiter), gehört zum Nomen/Substantiv
   Beispiel: **das** Pferd, **das** braune Pferd
   Man kann den bestimmten Artikel ***das*** ersetzen
   durch den unbestimmten Artikel ***ein***.
   Beispiel: **ein** Pferd, **ein** braunes Pferd

2. ***das*** = Demonstrativpronomen (hinweisendes Fürwort)
   Beispiel: Er weiß **das** sehr genau.
   Man kann ***das*** ersetzen durch die hinweisenden Fürwörter ***dieses*** und ***jenes***.
   Beispiel: Er weiß **dieses** sehr genau. Er weiß ***jenes*** sehr genau.

3. ***das*** = Relativpronomen (bezügliches Fürwort)
   Beispiel: Sie sieht das Fahrrad, **das** sie sich wünscht.
   Man kann ***das*** ersetzen durch das bezügliche Fürwort ***welches***.
   Beispiel: Sie sieht das Fahrrad, **welches** sie sich wünscht.

Das Wort ***dass*** ist eine Konjunktion (ein Bindewort).
Die Konjunktion leitet immer einen Gliedsatz (Nebensatz) ein.

Konjunktion
↓
Beispiel: Ich verstehe nicht, ***dass*** du weggehst.

Gliedsatz (Nebensatz)

Übung 1

Bestimme die Wortart von das in den folgenden Sätzen. Kennzeichne wie im Beispiel mit den Nummern 1–3 aus der Übersicht oben.

Das (______________) wusste ich noch nicht. [2]

Das (______________) Buch, das (______________) ich dir geliehen habe,

benötige ich unbedingt zurück. [ ]

Hast du das (________________) kleine rote Etui gesehen? [   ]

Ich kann dir das (________________) leider auch nicht erklären. [   ]

Die junge Frau interessiert sich für das (________________) Automodell, das (________________) sie bereits in der Ausstellung bewundert hat. [   ]

Das (________________) Angebot des Reiseunternehmens war außerordentlich günstig. [   ]

Der Junge schrieb seine Arbeit in das (________________) Heft, das (________________) er sich gerade gekauft hatte. [   ]

Setze in den Sätzen oben für das Demonstrativpronomen ***dieses*** oder ***jenes*** und für das Relativpronomen ***welches*** als passendes Ersatzwort hinter das Wort ***das***.

Beispiel: Das (*dieses*) wusste ich noch nicht.

Konjunktion
↓
Ich habe mich geärgert, dass ich die Mathearbeit nicht geschafft habe.

Hauptsatz — Gliedsatz

Satzgefüge

Das Wort ***dass*** ist eine Konjunktion (Bindewort). Es leitet einen Gliedsatz (Nebensatz) ein. Die Konjunktion verknüpft den abhängigen Gliedsatz und den Hauptsatz zu einem Satzgefüge.

Übung 2

Morgen schneit es.

Herr Kuckuck ist heute nicht da.

Mathe kann ich noch nicht.

Ich begleite dich.

Ich habe dich belogen.

Bilde Sätze mit folgenden Satzanfängen. Bediene dich für den **Gliedsatz mit *dass*** aus dem Wortspeicher. Achte darauf, dass sich bei dem Gliedsatz die Reihenfolge der Wörter ändert.

Ich glaube, dass es ______________________________.

Meinst du, ______________________________.

Mir ist klar, ______________________________.

Du willst nicht, ______________________________.

Es ist nicht wahr, ______________________________.

Übung 3

Bilde **dass**-Sätze! Beachte: Die Reihenfolge der Wörter im dass-Satz ändert sich. Im Hauptsatz kann das Wort ***es*** oft wegfallen.

Beispiel: Ich habe es gewusst. Du enttäuschst mich.
Ich habe gewusst, **dass** du mich enttäuschst.

Es ist schön. Wir verreisen in der nächsten Woche.

____

____

Es ist kaum zu erwarten. In vier Tagen hat das Theaterstück Premiere.

____

____

____

Ich wusste es gar nicht. Jens kommt mit Ulrike zur Party.

____

____

Mir war es nicht bekannt. So viele haben sich für das Umweltprojekt gemeldet.

____

____

Der dass-Satz kann auch **vorn** stehen. Stelle die Sätze entsprechend um. Schreibe auf ein Blatt oder am PC. Beachte, dass zwischen Hauptsatz und Gliedsatz ein **Komma** steht.

Beispiel: **Dass** Tina ihn so enttäuscht, hätte er nie gedacht.

Übung 4

Verknüpfe zwei Sätze mit derselben Nummer durch die Konjunktion ***dass***.
Der dass-Satz soll mal vorn und mal hinten stehen.
Schreibe auf ein Blatt oder am PC.

dass-Satz vorn bei **1, 5**

dass-Satz hinten bei **2, 3, 4, 6**

1 Janis kritisierte bei der Diskussion in der Klasse …
2 Der kleine Junge hofft …
3 Jens warf seinem Freund Ole vor …
4 Der Torwart erwartet …
5 Katrin findet es nicht gut …
6 Anne glaubt …

1 Alle wollen sich vor einer Aufgabe beim Schulfest drücken.
2 Sein Vater geht mit ihm zur Kirmes.
3 Er ist manchmal ungerecht und unfair.
4 Er spielt auch weiterhin in der Mannschaft mit.
5 Ihr Freund Dirk ist absichtlich nicht zu dem Treff gekommen.
6 Man muss die weitere Entwicklung abwarten.

Test

Ergänze ***das*** oder ***dass***. Setze ein Kreuz in das passende Kästchen:

	Artikel	Demonstrativpronomen	Relativpronomen	Konjunktion
Er fiel hin, so _______ er sich				
_______ Knie verletzte.				
Er kauft sich _______ interessante Buch.				
Er hatte _______ überhaupt nicht bemerkt.				
Sie wollte ihm _______ nicht sagen.				
_______ Marlene nicht gekommen war, enttäuschte Felix sehr.				
_______ so etwas möglich ist, hätte ich nicht gedacht.				
_______ Jeanskleid,				
_______ sie im Schaufenster sah, war ihr einfach zu teuer.				

Zusammen oder getrennt?

Zusammensetzungen

Zusammensetzungen (Komposita) aus zwei oder mehr Wörtern, die einen neuen Begriff ergeben, werden zusammengeschrieben.
Beispiel: Tennisball

Übung 1

Bilde Zusammensetzungen wie im Beispiel und trage ein.

Gisa nimmt die Tennisbälle (Bälle für das Tennisspiel) und den

__________________ aus dem unteren Fach des
(Schläger für das Tennisspiel)

__________________ heraus, zieht sich schnell ihren
(Schrank für Kleider)

__________________ an, knallt die
(Anzug für den Sport)

__________________ zu, schwingt sich auf den Sattel ihres
(Tür des Hauses)

Fahrrads und rast __________________ zur
(schnell wie ein Pfeil)

__________________. Diese liegt neben dem
(Halle für Tennis)

__________________. Ihre __________________
(Platz für Fußball) (Partnerin fürs Tennisspielen)

Julia wartet bereits. Schon nach einigen Minuten fliegen die Bälle

__________________ über die
(hart wie ein Knall)

__________________.
(Kante des Netzes)

Schreibe alle Komposita aus Übung 1 auf. Ergänze bei den Nomen den Artikel. Unterstreiche danach jeweils das Grundwort.

Beachte: Das **Grundwort** gibt die Grundbedeutung des neuen Wortes an; es bestimmt die Wortart, beim Nomen/Substantiv bestimmt es auch das Geschlecht.

Übung 2

Unterstreiche auch bei den folgenden Komposita das Grundwort. Bestimme danach die Wortart und gib sie abgekürzt in Klammern an: **N** (= Nomen), **V** (= Verb), **A** (= Adjektiv).

Beispiel: entgegenkommen (V)

vorbeilaufen (   ), pfeilschnell (   ), weggehen (   ), hauchdünn (   ),

Holzkohle (   ), schneeweiß (   ), Abgang (   )

Übung 3

Unterschiedliche Zusammensetzungen: Bilde aus den Wörtern nach den Mustern a) bis e) Zusammensetzungen. Schreibe sie auf ein Blatt oder am PC. Manchmal musst du einen oder zwei Buchstaben weglassen oder einen Buchstaben hinzufügen.

a) Neue Nomen bilden aus **zwei Nomen**. Beispiel: Würfelzucker

b) Nomen bilden aus **Adjektiv** und **Nomen**. Beispiel: Tiefsee

c) Adjektive bilden aus **Nomen** und **Adjektiv oder Partizip**. Beispiele: haushoch, steinerweichend

Hühner	Stange	tief	See	Riese	lang
Teppich	Strudel	bunt	Specht	Tag	groß
Apfel	Auge	dick	Beere	Rede	gewandt
Würfel	Zucker	blau	Darm		

d) Nomen bilden aus **Verb** und **Nomen**.
Beispiel: Schreibmaschine

e) Verben bilden aus **Partikel** und **Verb**.
Beispiel: herabkommen

warten essen schreiben verbinden	Zimmer Tür Gerät Raum	herum weg an aus zusammen zurück	kommen gehen ziehen fallen laufen

Übung 4

Setze mindestens elf Verben zusammen.

abrutschen

Übung 5

Ordne die Verben nach dem Alphabet. Nummeriere sie zuerst und schreibe sie dann auf.

aufgeben anfangen durchhalten zurückhalten
abschließen aufholen verausgaben
zuwinken zureden weitermachen wahrnehmen
nachlassen standhalten

___

___

___

___

Übung 6

Setze passende Verben in die folgenden Sätze ein.

Gisa wollte auf keinen Fall ________________. Nach dem verlorenen ersten Satz wollte sie unbedingt ________________. Sie konnte plötzlich ________________, so dass sie ________________ und ihre Gegnerin im Spiel ________________. Sie passte auf, dass sie sich nicht ________________. Schließlich gelang es ihr doch noch, mit 2:1 das Match ________________.

Übung 7

Trage mindestens noch vier Verben nach dem angegebenen Muster in die Tabelle ein.

Infinitiv	1. Person Singular Präsens	3. Person Singular Perfekt	1. Person Plural Futur
aufgeben	ich gebe auf	er hat aufgegeben	wir werden aufgeben

Übung 8

Einmal Zusammensetzung (zusammengeschrieben), einmal Wortgruppe (getrennt geschrieben). Richtig betonen! Trage in die Lücken ein. Betone richtig, mache dir die Bedeutung klar.

(zu/machen)
Hier ist heute nichts ______________________.
Könntest du wohl das Fenster ______________________.

(zu/stimmen)
Würden Sie dieser Meinung ______________________.
Das braucht doch nicht unbedingt ______________________.

(zu/hören)
Von dem Krach war im Nebenzimmer nichts ______________.
Er könnte ruhig mal ein wenig genauer ______________.

(zu/lassen)
Werdet ihr das wirklich ______________________?
Es ist gemein, ihn nicht mitspielen ______________________.

! Wird der Infinitiv eines Verbs zusammengeschrieben, wird auch eine Bildung mit ***zu*** oder eine **Partizipform** zusammengeschrieben.

Übung 9

Bilde sechs Sätze. Nutze dazu die Formulierungen im rechten Kasten und wähle dazu einen passenden Vorsatz aus dem linken Kasten.

Es ist sinnvoll … Ich habe Lust … Es ist schwierig … Es fällt mir schwer …	… einen Besuch **ankündigen** … eine Verabredung **einhalten** … vor einer Schwierigkeit nicht **weglaufen** … den Gesprächspartner beim Sprechen **ansehen** … manchmal den Fernseher **ausschalten** … sich nach anstrengender Arbeit **ausruhen** … einen Irrtum **zulassen** … dem anderen **zuhören**

Es ist sinnvoll, einen Besuch ***anzukündigen.***

Bilde auch zwei Sätze mit einem Partizip.
Schreibe dazu in der Tempusform Perfekt.
Beispiel: Bevor er kam, **hat** er seinen Besuch **angekündigt**.

Larissa war sauer darüber, dass er

Die Lehrerin lobt Jakob, weil

Zusammensetzung oder Wortgruppe?

Bei Zusammensetzungen werden die Bestandteile zusammengeschrieben, bei Wortgruppen schreibst du die einzelnen Bestandteile getrennt.

Übung 10

Bei den folgenden Ausdrücken kommt es darauf an, ob du sie als Zusammensetzung formulierst oder als Wortgruppe. Ergänze jeweils.

Zusammensetzung (zusammengeschrieben)	**Wortgruppe** (getrennt geschrieben)
diesmal	dieses eine Mal
furchterregend	große F
f	vor Freude strahlend
angsterfüllt	
stundenlang	mehrere
	mehrere Meter hoch
hitzebeständig	gegen
	irgend so einer
keinesfalls	

Verbindungen aus einem Verb und einem sogenannten verblassten Substantiv (Nomen), das seine Funktion als Substantiv verloren hat, werden zusammengeschrieben.
Beispiel: teilnehmen, stattfinden

Übung 11

Bilde Zusammensetzungen aus folgenden ersten Bestandteilen und passenden Verben.

eis-, heim-, irre-, kopf-, leid-, preis-, stand-, statt-, teil-, wett-

Verben: laufen, kommen, führen, stehen, tun, geben, halten, finden, nehmen, machen

eislaufen

Verbindungen aus **Verb** und **Verb** schreibt man getrennt.
Ausnahme: Verbindungen mit ***-bleiben*** oder ***-lassen*** **können** auch zusammengeschrieben werden, wenn sich durch die Verbindung eine neue Bedeutung ergibt.
Beispiel: das Bild hängen lassen; Ich kann mich nicht so hängenlassen.

Übung 12

Bilde mindestens fünf Beispielsätze mit folgenden Verben:

laufen - lernen, spazieren - gehen, liegen - lassen, fallen - lassen, sitzen - bleiben

Übung 13

Hier handelt es sich um Wortgruppen, die man getrennt schreibt.
Bilde mindestens fünf Beispiele mit den folgenden Wörtern.

Rad Ski Angst
Auto Not

fahren laufen
leiden haben

Die folgenden Wortgruppen musst du dir gut merken.
Sie werden getrennt geschrieben:

außer dass	gar nicht
ohne dass	gar nichts
statt dass	gar kein

Übung 14

Bilde zur Übung jeweils einen kleinen Satz.

Das **Verb** und seine Tempusformen

Mit den verschiedenen Tempusformen (Zeitformen) des Verbs kannst du dich von deinem Standpunkt aus („jetzt“) auf verschiedene Zeiten beziehen.

vergangen			gegenwärtig	zukünftig	
Plusquamperfekt (Vorvergangenheit)	**Imperfekt** (Präteritum, Vergangenheitsform)	**Perfekt** (abgeschlossen, mit Bezug zur Gegenwart)	**Präsens** (Gegenwartsform)	**Präsens** (Gegenwartsform)	**Futur** (Zukunftsform)
ich hatte geschrieben	ich schrieb	ich habe geschrieben	ich schreibe	morgen schreibe ich	ich werde schreiben

Übung 1

Unterstreiche in den folgenden Sätzen die Verbformen und bestimme sie. Beachte, dass manche Zeitformen des Verbs aus zwei Teilen bestehen. Schreibe jeweils die folgenden Abkürzungen darüber.

Präs. für Präsens
Pe. für Perfekt
Pl. für Plusquamperfekt
F. für Futur
Prät. für Präteritum

Gestern erhielt Sarah von ihrer Freundin Paulina eine Karte aus München.

Paulina hatte ihr dies vor ihrer Abfahrt versprochen. In der nächsten

Woche wird Sarah mit ihren Eltern und ihrem kleinen Bruder Jakob an die

Nordsee fahren. Die Eltern hatten die Ferienwohnung direkt im Zentrum von Norderney bereits vor einem halben Jahr gemietet. Vorige Woche war Jakob dann plötzlich sehr krank. Sarah befürchtete schon, dass der Urlaub ausfällt. Aber jetzt geht es Jakob wieder richtig gut. Die ganze Familie freut sich auf den Urlaub.

!

Das **Plusquamperfekt** gebrauchst du meist im Zusammenhang mit dem Präteritum. Das Plusquamperfekt zeigt an, was schon vor den bereits vergangenen Ereignissen, die im Präteritum erzählt werden, passiert ist.

Die **Bildung des Plusquamperfekts** ist ähnlich wie beim Perfekt: Man braucht das **Präteritum eines Hilfsverbs** sowie das **Partizip Perfekt des Hauptverbs**.

a) **Präteritum von *haben*** **+** **Partizip Perfekt des Hauptverbs**

↓		↓
ich hatte	wir hatten	
du hattest	ihr hattet	gesehen
er, sie, es hatte	sie hatten	

b) **Präteritum von *sein*** **+** **Partizip Perfekt des Hauptverbs**

↓		↓
ich war	wir waren	
du warst	ihr wart	gekommen
er, sie, es war	sie waren	

Übung 2

Bilde eine Form des Plusquamperfekts mit folgenden Verben.
Manche werden nach dem Muster a), manche nach dem Muster b) gebildet.
arbeiten, sehen, frieren, entkommen, weggehen, entlaufen, bekommen

Übung 3

Forme den Text in einen Bericht um. Dazu muss die Präsensform ins Präteritum und die Perfektform ins Plusquamperfekt übertragen werden.
Schreibe den Bericht auf ein Blatt oder am PC.

Nonne radelt auf Autobahn
Ein Adventserlebnis besonderer Art haben zwei Polizisten. Mitten auf der Autobahn treffen sie eine Nonne – auf dem Fahrrad. Die 70-jährige Ordensfrau will zu Bekannten fahren. Sie hat sich an einer Ampel von der normalen Straße auf die Autobahn verirrt. Die freundlichen Polizisten bringen daraufhin die Nonne samt Fahrrad im Streifenwagen zum Zielort.

Übung 4

Ordne die unterstrichenen Verbformen aus dem Zeitungsbericht in die Übersicht ein. Das Ereignis, über das berichtet wird, liegt in der Vergangenheit. Zwei Tätigkeiten liegen noch weiter zurück als die anderen. Dies wird durch die Verbform des Plusquamperfekts (Vorvergangenheit) angezeigt.

Schäferhund rettet seinen Herrn und eine Schülerin
Schwandorf, 8. Juli (dpa). Ein achtzehn Monate alter Schäferhund hat in Walderbach in der Oberpfalz zwei Menschen das Leben gerettet. Ein 24 Jahre alter Mann war mit dem Tier am Ufer des Regens unterwegs gewesen und hatte gesehen, wie ein badendes Kind wild um sich schlug. Der junge Mann sprang sofort in den an dieser Stelle tiefen Fluss, um die ertrinkende elf Jahre alte Schülerin herauszuziehen. Dies misslang ihm jedoch, weil sich das Mädchen in Todesangst an ihn klammerte. Als darauf beide unterzugehen drohten, sprang auch der Hund ins Wasser. Das Tier zog seinen Herrn samt der Schülerin an Land und brach am Ufer erschöpft zusammen.

noch davor (Plusquamperfekt)	früher (Präteritum)
er war … gewesen	es schlug um sich

Übung 5

Ordne die Verbformen aus dem folgenden Satz auch in dieser Weise ein. Löse den Satz zuvor in zwei Einzelsätze auf. Mache dir klar, was weiter zurückliegt.

Nachdem er seinen Herrn und die Schülerin an Land gezogen hatte, brach der Hund erschöpft zusammen.

Plusquamperfekt	Präteritum
______________________	______________________

Übung 6

Schreibe aus dem folgenden Text heraus:

Eine Verbform im Präsens: ______________________

Zwei Verbformen im Perfekt: ______________________

____

Zwei Verbformen im Plusquamperfekt: ______________________

____

Exotischer Besuch

Exotischer Besuch im Norden Deutschlands: Ein Marabu aus dem fernen Afrika hat sich nach Schleswig-Holstein verirrt. Einem Spaziergänger war es bereits vor etwa einer Woche gelungen, das Tier von weitem zu fotografieren. Jetzt, nachdem sich der Marabu, der eine Flügelspannweite von 2,60 Metern hat, auf einem Hof bei Randsburg häuslich niedergelassen hatte, konnte er eingefangen werden. Mitarbeiter des Vogelschutzbundes kümmern sich um das entkräftete Tier. Wenn es sich – dank Katzenfutter und frischer Leber – erholt hat, soll es in einen Tierpark umsiedeln.

Satzglieder und ihre Rollen im Satz

Subjekt, Prädikat und Objekt

Jeder grammatisch vollständige Satz enthält zumindest ein Satzglied in der Rolle des **Subjekts** und ein Satzglied in der Rolle des **Prädikats**. Das Satzglied Subjekt steht immer im **Nominativ**.

Beispiel: **Subjekt:** Wer? Was? **Prädikat:** Was tut er/sie/es?

Der Junge | hustet .

Übung 1

Kennzeichne in den folgenden Sätzen **Subjekt** und **Prädikat** wie oben.

Die Klasse 7 a besucht auf der Rückfahrt von Norderney die Seehundaufzuchtstation in Norden. Ein Mann füttert gerade einen Heuler. Einige Jungtiere liegen am Beckenrand.

Ein Satzglied in der Rolle des Objektes kann im Akkusativ, Dativ oder Genitiv stehen. Das Satzglied Prädikat bestimmt, welches Objekt folgt. Hier sind alle Objekte zusammengestellt.

a) **Akkusativobjekt** (Beispiele: betrachten, besuchen) — Er unterstützt → wen?/was?

b) **Dativobjekt** (Beispiele: begegnen, entgehen, glauben) — Sie hilft → wem?

c) **Akkusativobjekt + Dativobjekt** (Beispiele: zeigen, geben) — Er schenkt → wem? → was?

d) **Genitivobjekt** (Beispiele: sich entziehen, bedürfen) — Sie bedarf → wessen?

e) **Objekt mit Präposition** (= präpositionales Objekt) — Er wartet auf → wen?/was?
Hier bestimmt eine Präposition den Fall.
(Beispiele: bangen um, sprechen mit)

Übung 2

Bilde zu a) – e) jeweils einen Satz. Mache dabei die **Ersatzprobe**, indem du für die Subjekte ***er*** und ***sie*** jeweils ein Nomen (mit Artikel, ggf. mit Adjektiv) bzw. einen Eigennamen einsetzt. Kennzeichne danach die Satzglieder und ihre Rolle im Satz wie im Beispiel. Benutze Abkürzungen:

S	Subjekt	**P**	Prädikat
DO	Dativobjekt	**AO**	Akkusativobjekt
GO	Genitivobjekt	**PO**	Objekt mit Präposition (präpositionales Objekt)

	S	P	AO	
Beispiel:	Vanessa	besucht	ihre beste Freundin	.

a) ____________________

____

b) ____________________

____

c) ____________________

____

d) ____________________

____

e) ____________________

____

Die adverbiale Bestimmung

Mit dem Satzglied **adverbiale Bestimmung** (Umstandsangabe) kannst du in einem Satz genauere Angaben zu den verschiedenen Umständen des Geschehens machen. Adverbiale Bestimmungen können im Satz etwas aussagen über

- Zeit (temporale Bedeutung): Wann? Wie lange? Wie oft?
- Ort (lokale Bedeutung): Wo? Wohin? Woher?
- Art und Weise (modale Bedeutung): Wie?
- Grund (kausale Bedeutung): Warum?
- Gegengrund (konzessive Bedeutung): Trotz welcher Gegengründe?

- Zweck (finale Bedeutung): Wozu?
- Mittel (instrumentale Bedeutung): Womit?

Übung 3

Mache die **Erweiterungsprobe**, indem du die folgenden beiden Sätze durch adverbiale Bestimmungen erweiterst. Bestimme anschließend die Bedeutung der adverbialen Bestimmungen.

| Der Förster | beobachtet | ein Reh | . |

| Der Förster | beobachtet | heute Morgen | ein Reh | . |

| Der Förster | beobachtet | heute Morgen | | ein Reh | . |

| Pia | begegnet | der Nachbarin | . |

Pia ______________________________

____

____

Übung 4

Füge in den folgenden Text passende adverbiale Bestimmungen aus dem Satzgliedspeicher auf der folgenden Seite ein.

Pech gehabt

Ein Drängler ist ______________ (Wo?) ______________ (Wo?) an den Falschen geraten. Der Fahrer bedrängte ______________ (Wie?) ______________ ein vorausfahrendes Auto.

______________ (Wie?) machte der bedrängte Wagen Platz. Die Insassen gaben sich aber ______________ (Wann?) als Zivilstreife zu erkennen.

Es erwies sich ______________ (Wann?), dass der Drängler betrunken war.

Den Führerschein konnten die Beamten ____________________ nicht kassieren.
Wann?

Das hatten ihre Kollegen ____ getan.
Wann?

bei der Kontrolle, in unverantwortlicher Weise, in München, auf der Autobahn, bereitwillig, bald, diesmal, schon Wochen vorher

!

Auch ein Gliedsatz (Nebensatz) kann in einem Satzgefüge die Rolle einer adverbialen Bestimmung einnehmen. Man spricht dann von **adverbialen Gliedsätzen**.

Übung 5

Ersetze in den folgenden Sätzen die unterstrichenen Satzglieder durch einen adverbialen Gliedsatz. Beachte beim Satzgefüge die **Kommasetzung:** Gliedsatz und Hauptsatz sowie Gliedsatz und Gliedsatz werden durch Komma getrennt.

<u>Während des Lesens</u> kam ihr plötzlich ein Gedanke.

Während sie ____________________ , ____________________

<u>Nach dem Ende der Stunde</u> atmeten alle erleichtert auf.

Nachdem ____

<u>Wegen einer starken Erkältung</u> konnte Malena nicht am Wandertag teilnehmen.

Weil ____

____

<u>Trotz des schlechten Wetters</u> fand das Fußballspiel statt.

Obwohl ____

____

Notiere jetzt die Bedeutung der Satzglieder und Gliedsätze in der Rolle der adverbialen Bestimmung (Zeit, Grund, Gegengrund).

Übung 6

Ohne adverbiale Bestimmungen wirkt ein Text nicht genau genug. Mache die folgenden Berichte genauer, indem du der Reihe nach an geeigneten Stellen eine adverbiale Bestimmung aus dem Satzgliedspeicher einfügst. Schreibe dazu den gesamten Text neu auf ein Blatt oder am PC. Beachte: Du musst manchmal umstellen.

Die Dortmunder Polizei hat den Ausflug eines Bullen beendet. Das Tier hatte sein Heil in der Flucht gesucht. Versuche, das Tier wieder einzufangen, hatten nicht geklappt. Die Polizei musste auf Safari gehen.

am Samstagmorgen | mit zwei Flintenschüssen

vor dem Gang ins Schlachthaus | zwei Stunden lang | schon zuvor

weil ein Berberaffe ausgebüchst war

Eine Verkehrskontrolle wird einem Autofahrer in Erinnerung bleiben. Der Hund blieb im Auto sitzen. Mit einer Pfote drückte er den Knopf der Zentralverriegelung herunter. Er blickte aus dem Fenster. Der Schlüssel steckte derweil. Dem ausgesperrten Herrchen blieb nichts anderes übrig, als sich von seiner Frau den Zweitschlüssel bringen zu lassen.

für lange Zeit

als der Mann zur Kontrolle der Fahrzeugpapiere sein Fahrzeug verließ

sofort | danach | stolz

im Zündschloss | umgehend

Das Attribut – ein Satzgliedteil

Attribute (Beifügungen) sind keine Satzglieder, sondern **Teile eines Satzglieds**. Sie machen das jeweilige Satzglied genauer.
Meistens ist das Bezugswort ein Nomen/Substantiv.

Subjekt	Prädikat	Akkusativobjekt
Attribut		**Attribut**
Der kleine Junge	erwartet	den Freund seines Vaters.

Es gibt unterschiedliche Formen von Attributen, zum Beispiel:

Attribut		
als Adjektiv	Der kleine Junge	erwartet …
als Genitiv	Der Junge des Nachbarn	
als Apposition	Der Junge, ein Sohn des Nachbarn,	
mit Präposition	Der Junge mit den blonden Haaren	
als Relativsatz	Der Junge, der klein ist,	

Übung 7

Markiere innerhalb der markierten Satzglieder jeweils die Attribute durch Unterstreichen. Bestimme ihre Form: Adjektiv, Genitiv, Apposition, mit Präposition, Relativsatz.

[Die Mädchen und Jungen der Klasse 7 c] verstehen sich ausgezeichnet. [Aysche, die zur Klassensprecherin gewählt worden ist,] hat in der Klasse [gute Freundinnen und Freunde.] [Frau Andersen, die Klassenlehrerin,] unterrichtet gern [in dieser freundlichen Klasse.] Tim und Sara arbeiten [in der neuen Theater-AG] mit. Sie proben heute zum ersten Mal [auf der Bühne in der Aula.]

Übung 8

Auch Attribute machen einen Text genauer. Setze die Adjektivattribute aus dem Wortspeicher der Reihe nach in die Beschreibung der drei Sturmwinde *Föhn, Schirokko* und *Mistral* ein.

Unterschiedliche Sturmwinde

Der Föhn ist ein ____________________ Fallwind, der an der Nordseite der Alpen mit ____________________ Heftigkeit ins Tal weht. An Schneehängen löst er manchmal ____________________ Schneelawinen aus. Der Schirokko ist ein ____________________ Südwind im Mittelmeergebiet, der ____________________ Feuchtigkeit mit sich führt. Der ____________________ Küste Jugoslawiens beschert er ____________________ Regenmengen.

warm, groß, gefährlich, lau, nicht gering,
steil aus dem Meer aufsteigend, erheblich

Der Mistral ist ein ____________________ Wind, der von den Höhen des ____________________ Mittelgebirges zur Rhône hin talabwärts weht. Die Obstbauern fürchten ihn in dem ____________________ Tal, weil er dort in den ____________________ Plantagen ____________________ Schaden anrichten kann.

stürmisch und kalt, französisch, warm, ausgedehnt, enorm

Übung 9

Erweitere die gekennzeichneten Satzglieder in den folgenden Tierbeschreibungen durch passende Attribute aus dem Speicher. Achtung, diesmal ist die Reihenfolge nicht vorgegeben.
Bestimme die Form jedes Attributs: Adjektiv, Genitiv, Apposition, mit Präposition, Relativsatz.
Schreibe auf ein Blatt oder am PC.
Beachte: Manche Satzglieder haben zwei Attribute.

Pinguine sind Vögel. Sie sind hervorragend an das Leben im Element angepasst. Alle Pinguine haben eine Fettschicht. Eine besondere Rolle kommt den Federn zu.

bei der Wärmeisolation; außergewöhnliche;
kalten und nassen; dicke, isolierende;
die zugleich ein wichtiger Energiespeicher ist

Schimpansen haben oft einen Bart. Viele haben auch eine Stirn. Diese erinnert fast ein bisschen an die Glatze. Junge Tiere wirken dagegen mit ihren Ohren und Augen wie „Lausbuben“. Sie haben eine Gesichtshaut.

kahle, weiße, blitzenden, helle, alte, riesigen, richtige,
eines Menschen, die allerdings später nachdunkelt

Übung 10

Schreibe aus den folgenden Satzgruppen einen zusammenhängenden Text.
Dabei kannst du

- mithilfe von Relativsätzen als Attribute Satzgefüge bilden,
- mithilfe von Adjektiv-Attributen aus zwei Sätzen einen machen.

Schreibe den neuen Text am PC, damit du ihn wiederholt überarbeiten kannst.
Beachte die Kommasetzung. Gib deiner Darstellung eine Überschrift.

Magellan war der Sohn eines armen portugiesischen Edelmannes.
Magellan umsegelte als Erster die Welt.
Beispiel: *Magellan, der als Erster die Welt umsegelte, war ...*

Am 20. September 1519 segelte seine kleine Flotte von Spanien aus los.
Seine Flotte bestand aus mehreren Schiffen und über 200 Mann Besatzung.

Der hereinbrechende Winter zwang die Flotte zu einem Aufenthalt in Südamerika.
Der Aufenthalt löste eine Meuterei aus.
Der Kapitän unterdrückte die Meuterei mit eiserner Strenge.

Magellan erkundete zunächst die Westküste Südamerikas.
Magellan hatte bereits wertvolle Schiffe verloren.

Danach segelte die Mannschaft viele Tage über den Stillen Ozean.
Die Mannschaft war sehr ermattet.

Das Trinkwasser wurde zunehmend ungenießbar.
Das Trinkwasser war schon lange knapp geworden.

In der Südsee fand der Entdecker schließlich bei einem Kampf mit Eingeborenen den Tod.
Der Entdecker war wagemutig und tapfer.

Nur das Schiff Victoria erreichte am 6. September 1522 das heimatliche Sevilla.
Das Schiff Victoria war leck und von Stürmen angeschlagen.

Adverbiale Bestimmung oder Attribut?

!

Adverbiale Bestimmung und Attribut kann man leicht verwechseln.
Man muss beachten: Die adverbiale Bestimmung ist ein Satzglied.
Das Attribut ist ein Satzglied**teil**.
Beispiel:

Attribut

| Die vorzügliche Sportlerin | beherrscht | mehrere Sportarten | .

| Sie | spielt | vorzüglich | Tennis | .

adverbiale Bestimmung

Übung 11

Kennzeichne in den folgenden Satzpaaren jeweils Attribut und adverbiale Bestimmung. Schreibe jeweils die Abkürzung darüber: **A** für Attribut, **AB** für adverbiale Bestimmung.

| Das Mädchen | grüßte | freundlich | .

| Mit einem freundlichen Gruß | ging | sie | an ihren Bekannten | vorbei | .

| Beide | fanden | den Film | ganz toll | .

| Sie | haben | heute | einen ganz tollen Film | gesehen | .

Übung 12

Mache die **Erweiterungsprobe**, indem du den folgenden Satz mithilfe von unterschiedlichen Attributen und adverbialen Bestimmungen erweiterst.

Elsa ist heute gekommen.

Elsa, meine beste Freundin, die ich ______________________________

____

____

____

Übung 13

Der folgende kurze Bericht enthält überflüssige Attribute. Sie wiederholen Angaben, die der Satz an anderer Stelle bereits enthält. Mache die **Abstreichprobe** und streiche alle nicht notwendigen Satzgliedteile.

Ein japanischer Tourist aus Japan suchte in Köln, der rheinischen Domstadt am Rhein, verzweifelt nach seinem abgestellten Auto, das er in einer kleinen Straße, einer Einbahnstraße, abgestellt hatte. Der Tourist hatte sich als Namen der Straße nur „Einbahnstraße" gemerkt. Zwei freundliche Polizisten, die freundlicherweise bereit waren, ihm zu helfen, fanden schließlich das abgestellte Fahrzeug in einer Seitenstraße.

Übung 14

In dem folgenden Zeitungsbericht fehlen adverbiale Bestimmungen und Attribute. Setze passende Satzglieder bzw. Satzgliedteile aus dem Speicher (in der dort angegebenen Reihenfolge) in den Text ein. Schreibe den Text neu auf ein Blatt oder am PC.

Sechsjähriger regelt Verkehr
Ein Junge regelte den Straßenverkehr. Eine Polizistin entdeckte den Jungen. Es hieß, dass die Autofahrer den Anweisungen Folge geleistet hätten. Die Polizistin holte ihren „Kollegen" von der Kreuzung und erklärte ihm die Gefährlichkeit.

sechsjähriger, auf einer Kreuzung mitten in Bautzen,
der in Spielzeuguniform auf der Straße stand,
verdutzten, des Sechsjährigen, jungen, seines Tuns

Test

Bei einem Unfallbericht müssen die Informationen besonders genau sein. Setze die adverbialen Bestimmungen und Attribute in der Klammer jeweils an passenden Stellen ein, um die Informationen genauer zu machen. Beachte beim Einbau der Relativsätze die Kommasetzung.

Der Mopedfahrer befuhr die Haustenbeckerstraße und prallte gegen einen Baum.
(am Montag, den 18.3.2001, mit hoher Geschwindigkeit, als er einem kleinen Mädchen auf einem Fahrrad ausweichen wollte)

____

____

____

____

Der Mopedfahrer wurde ins nächste Unfallkrankenhaus gebracht.
(der eine schwere Gehirnerschütterung und einen Knochenbruch erlitten hatte, sofort, nachdem der Rettungsdienst eingetroffen war)

____

____

____

____

Das kleine Mädchen kam mit dem Schrecken davon.
(das den Unfall verursacht hatte, noch einmal)

____

____

____

____

Beschreiben oder Berichten?

!

Beim **Beschreiben** muss man genau beobachten. Es kommt insbesondere auf kennzeichnende Einzelheiten an wie Eigenschaften, Teile und Zusammenhang der Teile. Eine Beschreibung wird in der Regel im ***Präsens*** abgefasst, weil sich die Beschreibung von Gegenständen, Personen, Tieren und Vorgängen auf den gegenwärtigen Zustand bezieht und weil (bei einer Vorgangsbeschreibung) ein Vorgang durch die Beschreibung immer wieder nachvollziehbar sein soll.
Berichten ist immer dann erforderlich, wenn man über Ereignisse informieren will, die in der Vergangenheit abgelaufen sind. Beim Berichten geht es um eine sachliche und genaue Darstellung dessen, was tatsächlich passiert ist. Man wählt in der Regel die Tempusform ***Präteritum***.

Text 1

Deutscher Schäferhund
Der Schäferhund ist in der ganzen Welt bekannt, er gilt als die am weitesten verbreitete Hunderasse. Er ist ein vielseitiger Gebrauchshund. Hirtenhunde sind oft Schäferhund-Mischlinge. Der Schäferhund kann als Schutzhund für unterschiedliche Bewachungsaufgaben eingesetzt werden, als Polizeihund, Sanitätshund, Lawinensuchhund, Zolldiensthund und Blindenführhund, bei Katastrophen als Suchhund.
Seine wichtigsten Rasseeigenschaften sind eine scharfe Beobachtungsgabe, ein forsches Wesen, Unbestechlichkeit, Wachsamkeit und Verteidigungsbereitschaft. Dazu kommt eine ausgezeichnete Spürnase, die ihn vor allem im Zoll- und Polizeidienst unentbehrlich macht. Bei konsequenter Führung und guter Erziehung kann er auch als Begleithund und Familienhund gehalten werden; Voraussetzung ist allerdings ein entsprechender Auslauf.

Text 2

SCHÄFERHUND RETTETE KIND – TIER KAM IN FLAMMENHÖLLE UM

Neapel (dpa). **Ein Schäferhund ist jetzt der Held von Neapel. Die ganze Stadt spricht gerührt davon, dass „Rocky" am letzten Wochenende die dreijährige Emilia Como aus der brennenden Wohnung ihrer Großmuter zog und beim Versuch, die sechsjährige Patrizia zu retten, im Rauch erstickte.**

„Rocky" war erst vor wenigen Wochen als 13. Bewohner in die Einzimmerwohnung im Erdgeschoss im Neapeler Armenviertel Sanita aufgenommen worden. Dort lebte die 59-jährige Anna Como mit fünf Töchtern und Söhnen sowie mit sechs Enkelkindern. Als die 23-jährige Giuseppina Como, eine der Töchter, gegen Mittag den Herd anzünden wollte, explodierte eine Gasflasche. Zu diesem Zeitpunkt waren nur sie selbst und ihre beiden Kinder Emilia und Patrizia zu Hause. Die junge Frau zerrte die brennende Gasflasche auf die Straße und merkte zu spät, dass sie damit das Falsche getan hatte. Die beiden kleinen Mädchen waren im brennenden Zimmer zurückgeblieben. Verzweifelt rief sie die Namen von Emilia und Patrizia. „Rocky" zögerte nur kurz. Dann sprang das Tier in die Flammen und in den Rauch des Zimmers. Nach wenigen Minuten kehrte er mit Emilia zurück. Er hatte sie von ihrem Bettchen gezerrt und schleifte sie, mit den Zähnen im Hemdchen des Kindes, über den Boden. Die Mutter rief unterdessen in Todesangst um ihr Kind nach der zweiten Tochter Patrizia. Der dreijährige Hund warf sich ein zweites Mal in die Flammenhölle. Wenig später tauchte Patrizia allein neben der Mutter auf. Sie hatte ohne Hilfe einen Fluchtweg gefunden. „Rocky" kehrte nicht zurück. Die Feuerwehrmänner fanden das erstickte Tier wenig später neben dem Bett von Patrizia.

Übung 1

Was trifft zu? Schreibe 1 oder 2 in die Kreise, je nachdem, für welchen der beiden Texte die Kennzeichnung zutrifft.

- Beschreibung einer Hunderasse
- Zeitungsbericht mit ausschmückenden und erzählenden Teilen
- präzise Benennung von Eigenschaften
- genaue Kennzeichnung der Aufgaben und Einsatzmöglichkeiten
- Darstellung von Gefühlen

- in der Tempusform *Präteritum* verfasst
- sachlich und neutral, mit allgemeiner Kennzeichnung und Wertung
- in der Tempusform *Präsens* verfasst

Übung 2

Schreibe aus Text 1 Formulierungen heraus,
a) die die Einsatzmöglichkeiten des Hundes verdeutlichen:

____

____

b) die die besonderen Eigenschaften dieser Rasse verdeutlichen:

____

____

Schreibe aus Text 2 alle Formulierungen heraus, die nicht zu einem Bericht gehören, weil sie
a) die Gefühle der Beteiligten zum Ausdruck bringen:

____

____

b) eine erzählende, Spannung erzeugende Wirkung haben:

____

Übung 3

Beantworte zu Text 2 kurz die folgenden, für einen Bericht wichtigen **W-Fragen**.

Was ist geschehen? Explosion einer Gasflasche, ____________________

____

Wer ist beteiligt? Rocky, der dreijährige Schäferhund, ____________________

____

Wo ist es geschehen? ____________________________

Wann ist es geschehen? ____________________________

Welche Folgen haben sich ergeben? ____________________________

Schreibe jetzt mithilfe der Antworten auf die W-Fragen eine kurze, neutrale Zeitungsnachricht, in der nur die Fakten wiedergegeben werden. Achte dabei auf die Zeitform *Präteritum*. Beginne mit der entscheidenden Rettung.

Am vergangenen Wochenende rettete ein Schäferhund mit dem Namen Rocky

das Kind der 23-jährigen

Übung 4

Du kannst den Zeitungsbericht auch in eine spannende Reportage (Erlebnisbericht) umschreiben. Achte zum Beispiel

- auf die **richtige Reihenfolge**: Wiedergabe des Geschehens in der Reihenfolge der Wahrnehmungen,
- auf die **Tempusform**: Darstellung im Präsens, zurückliegende Ereignisse im Präteritum oder Perfekt,
- auf die **Art der Darstellung**: Aufbereitung persönlicher Erfahrungen und Eindrücke in interessanter, spannender und wirkungsvoller Form, zum Beispiel durch den Einbau von wörtlicher Rede, von Ausrufe- und Fragesätzen, von Gedanken und Gefühlen und bildhaften Vergleichen,
- auf die **Perspektive** des Augenzeugen vor Ort und dessen innere Beteiligung.

Dies ist ein möglicher Anfang:
Armenviertel Sanita in Neapel. Fast ein normales Wochenende! Wenn es nicht die ausgebrannte, noch rauchende Wohnung im Erdgeschoss gäbe. Eine riesige Menschenmenge ringsum. Überall hört man den Namen Rocky. Ich stehe mitten in der Menge. Was ist passiert? Die 23-jährige Giuseppina Como war mit ihren beiden kleinen Töchtern Emilia und Patrizia allein zu Hause. Sie wollte, wie jeden Tag, in ihrer Einzimmerwohnung den Herd anzünden, da passierte es …

Die indirekte Rede

Wenn eine Sprecherin oder Schreiberin eine Information weitergibt, die sie von einem andern gehört oder die sie gelesen hat, benutzt sie die indirekte Rede. Dafür verwendet sie in der Regel den **Konjunktiv I**.
Sie lässt dabei offen, ob sie selbst die Äußerung des anderen für richtig hält oder nicht.
Die meisten Aussagen der indirekten Rede werden in der 3. Person Singular vorgenommen. Diese muss man sich deshalb besonders merken.
Beispiel: Sie sagte, er **komme** morgen.

Direkte Rede: Anna sagt etwas.

Anna

Indirekte Rede: Lisa bezieht sich auf Annas Aussage.

Lisa

Übung 1

Auf der linken Seite spricht Maximilian (direkte Rede). Auf der rechten Seite berichtet Lea ihrer Freundin in der indirekten oder berichteten Rede, was sie gehört hat. Setze die folgenden Verbformen jeweils an der passenden Stelle ein:

Indikativ	**Konjunktiv I**
kann	könne
bin	sei
wird	werde
muss	müsse
hast	habe

Lea hört, wie Maximilian mit Karina spricht.

„Ich __________ morgen nicht pünktlich zur Fete kommen. Ich __________ nämlich vorher noch einen Austauschschüler aus Frankreich von der Bahn abholen. Ich ______ dann aber gegen 21 Uhr da. Jean __________ dann auch mitkommen. Du __________ doch nichts dagegen?“

Dies berichtet Lea ihrer Freundin Laura.

„Maximilian hat Karina gesagt, er __________ morgen nicht pünktlich zur Fete kommen. Er __________ nämlich vorher noch einen Austauschschüler aus Frankreich von der Bahn abholen. Er __________ dann aber gegen 21 Uhr da. Jean __________ dann auch mitkommen. Sie __________ doch nichts dagegen?“

Außer dem Modus (Indikativ bzw. Konjunktiv) ändert sich bei der indirekten Rede auch die Personalform des Verbs. Unterstreiche links und rechts jeweils die **Personalpronomen**.

!

Der **Konjunktiv I** wird in der Regel vom Präsensstamm des Verbs gebildet.
Beispiel: er **komm**t (Indikativ) – er **komm**e (Konjunktiv I)
unregelmäßige Bildung: er **ist** – er **sei**
Mit dem **Indikativ** stellt der Sprecher/Schreiber etwas als gegeben hin.
Mit dem **Konjunktiv** drückt der Sprecher aus, dass das Gesagte weniger direkt, wirklich oder gewiss ist.

Übung 2

Unterstreiche im folgenden Text die Verbformen im Konjunktiv.

Sonja berichtet, was Kerstin erzählt hat:
Die gesamte Klasse 8 b fahre morgen nach Köln. Der Geschichtslehrer wolle mit ihnen das Römisch-Germanische Museum besuchen. Alle Schüler seien schon richtig gespannt auf die Bahnfahrt. Viele aus der 8 b könnten sich schon gar nicht mehr an ihre letzte Bahnfahrt erinnern. Nach dem Museumsbesuch sei noch ein zweistündiger Aufenthalt in Köln vorgesehen.

Forme den Text um in die direkte Mitteilung.

Das hat Kerstin erzählt:

Die Klasse 8 b fährt ...

Wenn die Formen des Indikativs und des Konjunktivs I übereinstimmen, benutzt man bei der indirekten Rede als Ersatzform den **Konjunktiv II** oder die Umschreibung mit ***würde*** **+ Infinitiv**.
Dies ist fast immer der Fall, wenn die indirekte Rede **nicht** in der 3. Person Singular steht.

Direkte Rede: Sie **kommen** heute.	**Indikativ**
Indirekte Rede:	
Er sagt, sie ~~kommen~~ heute	**Konjunktiv I** = Indikativ daher: ↓
Er sagt, sie **kämen** heute.	**Konjunktiv II** (als Ersatzform)
oder	oder
Er sagt, sie **würden** heute **kommen**.	**Umschreibung mit *würde* ...**

Übung 3

Ergänze in der Zusammenstellung die entsprechenden Formen.

Indikativ	Konjunktiv I	Konjunktiv II als Ersatzform	Umschreibung mit *würde*
er geht	er gehe	◎	◎
er läuft	______	◎	◎
sie laufen	sie ~~laufen~~	______	______
sie kommen	sie ~~kommen~~	______	______
sie essen	sie ~~essen~~	______	______
er ruft	______	◎	◎
sie merken	sie ~~merken~~	______	______
sie haben gegessen	sie ~~haben gegessen~~	______ ______	______ ______

Übung 4

Setze ein. Konjunktiv I, Konjunktiv II oder die Umschreibung mit ***würde***.

(Konj. I, können)	Er sagte, er ______ das Buch zur Zeit nicht entbehren.
(Konj. II, können)	Die Schülerinnen behaupten, sie ______ das alles schon.
(Konj. I, haben)	Der Deutschlehrer meinte, bis morgen ______ er die Arbeit schon korrigiert.
(Konj. I, finden)	Ute erzählte in der Klasse, sie ______ ihren neuen Tanzpartner ganz toll.
(Konj. I, sein)	Kirsten und Lara glaubten, sie ______ in Mathe über den Berg.
(Umschr., kommen)	Sie versprachen, sie ______ morgen pünktlich ______ .
(Konj. II, haben)	Die beiden erzählten, sie ______ einen Computer geschenkt bekommen.

Übung 5

Setze im folgenden Zeitungsbericht die unterstrichenen Verbformen im Indikativ in den Konjunktiv. Schreibe darüber.
Zur Kontrolle: Konjunktiv I viermal, Konjunktiv II einmal.

Ein Tierpfleger des in Dortmund gastierenden kleinen Zirkus <u>ist</u> gestern von zwei sibirischen Tigern angefallen worden. Diese <u>haben</u> den Mann lebensgefährlich verletzt. Der 24 Jahre alte angetrunkene Mann <u>hat</u> den Auslaufkäfig der Tiere gereinigt. Er <u>hat</u> dabei offenbar übersehen, dass eine Verbindungstür zu den Boxen der beiden Tiger nicht geschlossen war. Der Mann <u>ist</u> inzwischen außer Lebensgefahr.

Die Inhaltsangabe

Mit einer Inhaltsangabe wird in knapper Form der Inhalt eines Gesprächs oder eines Textes wiedergegeben. Es geht also um klare Information, nicht um spannendes und gefühlvolles Erzählen.
Wichtige Tipps:

- Auf das **Wesentliche** beschränken, auf Einzelheiten verzichten
- **Sachlich** schreiben, auf gefühlsmäßige Beteiligung und persönliche Wertungen verzichten
- **Abfolge der Handlung** in geordneter Weise wiedergeben, dabei keine Gedankensprünge machen
- Tempusform ***Präsens*** benutzen; Ereignisse, die vor dem dargestellten Geschehen liegen, werden im ***Perfekt*** wiedergegeben.
  Beispiel: Der Mann **schließt** die Tür auf. Das Taxi **ist** bereits **abgefahren**.
- Satzgefüge mit unterordnenden Konjunktionen *(weil, als, nachdem …)* verwenden, um die logischen Verknüpfungen von Handlungsteilen zu verdeutlichen.
  Beispiel: **Als** der Mann sein Arbeitszimmer betritt, erwarten ihn dort bereits zwei Polizisten.

Übung 1

Der folgende Text stellt eine Inhaltsangabe zu dem Zeitungsartikel auf Seite 61 dar. Die einzelnen Teile der Inhaltsangabe sind allerdings durcheinander geraten.
Stelle zunächst die richtige Reihenfolge der Teilstücke fest. Nummeriere entsprechend im jeweiligen Kreis von 1–6.

○ Als die 23-jährige Giuseppina C. in ihrer Einzimmerwohnung ihren Herd anzünden will, explodiert die Gasflasche und setzt das Zimmer in Brand.

○ In dem Zeitungsbericht mit dem Titel „Schäferhund rettete Kind – Tier kam in Flammenhölle um“ wird von einem Schäferhund berichtet, der in Neapel/Italien ein kleines Kind aus einem brennenden Zimmer eines Hauses rettet und bei dem Versuch, auch das zweite Kind zu retten, in den Flammen umkommt.

○ Statt sofort ihre beiden Kinder aus dem Zimmer zu bringen, zerrt sie die brennende Gasflasche auf die Straße.

○ Dem Verfasser des Zeitungsberichts geht es vor allem um die Darstellung der rührenden Rettungstat des Schäferhundes, von der die ganze Stadt spricht.

○ Der Hund wird von Feuerwehrmännern erstickt neben dem Bett des zweiten Kindes aufgefunden.

○ Als die Mutter verzweifelt nach ihren beiden Kindern ruft, springt ihr Schäferhund Rocky in das brennende Zimmer und zerrt eines der kleinen Mädchen mit den Zähnen nach draußen. Zur Rettung des zweiten Kindes springt der Hund noch einmal in das brennende Zimmer. Das Mädchen hat sich aber inzwischen selbst retten können.

Ordne jetzt die einzelnen Teilstücke der Inhaltsangabe den folgenden Gliederungsteilen einer Inhaltsangabe zu. Schreibe die passenden Nummern in die Klammern.

Einleitung (________________)

! Du informierst kurz (soweit du über die entsprechenden Informationen verfügst) über Autor, Titel, Erscheinungsjahr, Textart und gibst einen knappen Hinweis auf die Handlung.

Hauptteil (________________)

In diesem Teil der Inhaltsangabe informierst du knapp über die wichtigsten Handlungsschritte und die Personen.

Schlussteil (________________)

Nicht immer muss ein eigener Schlussteil formuliert werden. Du kannst hier zum Beispiel kurz über die Aussageabsicht des Verfassers informieren oder eine knappe eigene Meinung zu dem Text formulieren.

Übung 2

In den folgenden Ausschnitten von Inhaltsangaben zu dem Zeitungsartikel sind Formulierungen gebraucht, die nicht zu dem sachlich-informativen Sprachstil einer Inhaltsangabe passen. Unterstreiche diese Stellen und formuliere danach eine passende Fassung.

In schrecklicher Verzweiflung schreit die völlig verstörte Mutter nach ihren beiden Kindern.

____

____

Mit einem riesigen Satz stürzt sich der heldenmütige Schäferhund noch einmal in die wild lodernden Flammen, um nun auch das zweite Kind zu retten.

____

____

____

Die zutiefst erschütterten Feuerwehrleute finden in dem überaus dichten Rauch den erstickten Schäferhund, den Helden von Neapel.

____

____

____

Übung 3

Der Fuchs und der Ziegenbock *(nach Äsop)*
Ein Fuchs fiel in einen Brunnen und konnte sich nicht heraushelfen. Da kam ein durstiger Ziegenbock zum Brunnen, um zu trinken. Er sah den Fuchs darin und fragte ihn: „Schmeckt das Wasser gut?“ Der Fuchs verschwieg, dass er in den Brunnen gestürzt war, und entgegnete: „Das Wasser ist wunderbar klar und schmeckt vorzüglich.“ Da sprang der Ziegenbock in den Brunnen und löschte seinen Durst. Danach fragte er den Fuchs: „Und wie sollen wir jetzt wieder heraufkommen?“ Der Fuchs wollte den Ziegenbock beruhigen und meinte: „Das werden wir gemeinsam schon schaffen. Stell du dich auf die Hinterbeine, stemme die Vorderbeine gegen die Wand und recke deinen Hals weit vor! Ich werde dann über deinen Rücken nach oben steigen und dir von dort heraushelfen.“ Der Ziegenbock hielt sich an den Rat des Fuchses. Dieser sprang auf den Rücken des Ziegenbocks und erreichte im Nu den Brunnenrand. Dort tanzte er vor Freude über seine Befreiung und verhöhnte den Ziegenbock wegen seiner Leichtgläubigkeit. Als dieser ihn vertragsbrüchig nannte, antwortete der Fuchs: „Wenn du so viele Gedanken hättest wie Haare in deinem Bart, dann hättest du dir, bevor du in den Brunnen gestiegen bist, überlegt, wie du wieder herauskommst.“

In einer Inhaltsangabe müssen die Sätze logisch aufeinander bezogen sein. Dies kann man durch eine Verknüpfung im Satzgefüge erreichen. Formuliere aus den Satzpaaren auf dieser und der folgenden Seite jeweils ein Satzgefüge mit einem Relativsatz oder einem konjunktionalen Gliedsatz. Achte auf die Kommasetzung.

Der Fuchs ist in einen Brunnen gefallen. Der Fuchs kann nicht mehr heraus.

Der Fuchs, der ______________________________

____

Ein durstiger Ziegenbock kommt zum Brunnen. Er fragt den Fuchs nach der Qualität des Wassers.

Als ______________________________

____

Der Fuchs will den Ziegenbock in den Brunnen locken. Er verschweigt, dass er selbst hinabgefallen ist.

Weil ______________________________

____

Der Ziegenbock steigt in den Brunnen. Er will seinen Durst löschen.

Der Ziegenbock, der

Übung 4

Die folgende **Inhaltsangabe** ist noch nicht ganz gelungen.
Unterstreiche Fehler und Formulierungen, die nicht passen.

In dieser Fabel, die nach dem griechischen Fabeldichter Äsop verfasst ist, geht es darum, dass der Fuchs einen gutgläubigen Ziegenbock überlistet. Dieser ist leider Gottes am Schluss der Dumme.
Ein Fuchs ist in einen schrecklich tiefen Brunnen gefallen. Er konnte sich selbst nicht heraushelfen. Ein furchtbar durstiger Ziegenbock kommt an den Brunnen und fragt den Fuchs, ob das Wasser in Ordnung sei. Der Fuchs bejaht dies, sodass der Ziegenbock hinabsteigt und seinen Durst löschte. Danach fragte er den Fuchs, wie sie denn wieder herauskommen könnten. Der Fuchs macht daraufhin dem Ziegenbock den außerordentlich brauchbaren Vorschlag, der Bock solle seine Vorderbeine gegen die Wand stellen, er selbst wolle dann so schnell wie der Wind über seinen Rücken hinaufklettern. Danach würde ihm dann der Fuchs auch hinaushelfen. In seiner überaus großen Dummheit stimmt der Ziegenbock zu. Der Fuchs erreicht auf die von ihm beschriebene Weise den Brunnenrand. Der Fuchs ist froh über seine heiß ersehnte Freiheit. Der Ziegenbock nennt den Fuchs vertragsbrüchig. Der Fuchs verhöhnt den Ziegenbock.
Die Fabel enthält die Lehre, dass man die Folgen seines Tuns bedenken sollte.

Schreibe jetzt die Inhaltsangabe auf einem Blatt oder am PC neu auf. Am besten schreibst du am PC, weil du dabei den Text besonders gut überarbeiten kannst, zum Beispiel mithilfe von Umstellungen, Erweiterungen, Zusammenfassungen von Einzelsätzen zu einem Satzgefüge.

Wie du bereits weißt, geht es bei der Inhaltsangabe nicht um Spannung, sondern um klare Informationen. Daher wird auch nicht die direkte, wörtliche Rede, sondern die **indirekte Rede** gebraucht.
Beispiel:
Der Ziegenbock fragt: „Ist das Wasser gut?“ (direkte, wörtliche Rede)
Der Ziegenbock fragt, ob das Wasser gut sei. (indirekte Rede)
Auch die folgende **Umschreibung** ist in der Inhaltsangabe sinnvoll:
Der Ziegenbock fragt den Fuchs nach der Qualität des Wassers.

Übung 5

Unterstreiche in der Fabel „Der Fuchs und der Ziegenbock“ (S. 71) die wörtliche Rede.

Unterstreiche jetzt in der Inhaltsangabe (S. 72) Formen der indirekten Rede und Umschreibungen.

Übung 6

Schreibe die folgenden Sätze in wörtlicher, direkter Rede in indirekte Rede um. (Wenn du Schwierigkeiten hast, kannst du in dem Abschnitt „Die indirekte Rede“, S. 64, nachlesen.)

Der Fuchs fragt den Ziegenbock: „Willst du nicht herunterkommen?“

Der Fuchs fragt den Ziegenbock, ob er ______________________

____

Der Ziegenbock fragt: „Wie komme ich wieder heraus?“

____

Der Fuchs entgegnet: „Dafür will ich schon sorgen.“

____

„Du bist ein Vertragsbrecher!“, ruft der Ziegenbock dem Fuchs zu.

Er ______________________

____

Passende Formulierungen

Übung 1

Bei der folgenden Erzählung, einer Geschichte aus dem Alltag, sollst du eines der angegebenen Wörter in die Lücke eintragen. Überlege dir dabei sehr genau, welches Wort am besten passt. Du musst dazu auch sorgfältig lesen und den Textzusammenhang beachten.

Die beste Entscheidung *(von Elke Kahlert)*

	Es hatte schon in der Pause angefangen. Robert
friedlich – aufgebracht	stand ganz ____________________ neben der Schultür,
	als Fritz herausgestürmt kam und Robert
anlächelte – anrempelte	____________________ , dass der sich gleich an seinem
	Butterbrot verschluckte.
	Na ja, so was kann passieren. Aber dass Fritz dann
schrie – flüsterte	auch noch _________________ : „Steh doch nicht so
	blöd ’rum, du Idiot!“, das war zu viel. Robert, sonst ein
Gemütsmensch –	__________________________________ , ärgerte sich.
Klassenkamerad	Zuerst hustete er, weil er sich verschluckt hatte, dann
stopfte – nahm	_______________ er Papier und Brot in die Hosentasche
	und setzte Fritz mit ein paar großen Sprüngen nach.
	Er packte ihn hinten am Pullover und – schon war
Garten – Gange	die schönste Schlägerei im _________________ . Die
	anderen Buben standen im Kreis um sie herum und
wetteten – sagten	__________________ , wer wohl Sieger sein würde.
	Keiner siegte, denn die Glocke klingelte, und die Pause
	war zu Ende. „Wir treffen uns noch später!“,
lächelte – zischte	___________________________ Fritz, bevor er in seinem
arbeitete – verschwand	Klassenzimmer ________________________ . . .
	Um 12.30 Uhr war die Schule aus. Robert zog sich an,

nahm die Schultasche und ging zur ______________	Seite – Haltestelle
der Straßenbahn. Diese befand sich auf einer Verkehrs-	
insel, also in der ____________ der Straße. Da stand	Ecke – Mitte
er nun und wartete. ________________ sah er Fritz	Allmählich – Plötzlich
aus der Schule rasen, den Mantel offen und die Tasche	
______________________ geklemmt. Fritz war ganz	unter den Arm –
rot im Gesicht. Kam es vom Laufen? Oder war er im-	auf dem Rücken
mer noch _________________? Fritz sprang auf die	lustig – wütend
Verkehrsinsel, ______________ seine Schultasche auf	legte – warf
den Boden und ging mit ______________________	einer Hand –
auf Robert los. Robert hatte große Lust, die Schlägerei	beiden Fäusten
von vorhin fortzusetzen, aber dann sah er, dass die	
Straßenbahn ______________________________ .	um die Ecke bog –
Da besann er sich doch eines Besseren:	im Tunnel verschwand
Er _________________ die Arme und stellte sich	öffnete – verschränkte
ganz ruhig hin. Das ____________ den Angreifer	verwirrte – lockte
natürlich, und der hielt seine Fäuste in der Luft an.	
„Hier _____________ ich nicht, das ist zu gefährlich!	raufe – warte
Glaub ruhig, ich wär _________________! Ich bin's	ein Feigling –
nicht! Und wenn ich es dir beweisen soll, dann komm	dein Freund
doch heute Nachmittag auf das leere Grundstück an	
der Ecke Hofmiller- und Hiltweinstraße. Um 3 Uhr	
findest du mich da!“ Sprach's und stieg in die Bahn.	
Fritz war ______________ .	verblüfft – froh
Am Nachmittag trafen sich zwei zehnjährige Buben	
auf dem freien Grundstück. Aber auch hier gab es	Mahlzeit –
nicht die erhoffte _________________ . Denn eine	Entscheidung
Schlägerei, die man zweimal ______________ muss,	aufschieben – angeben

	macht eigentlich gar keinen richtigen Spaß mehr. Deshalb überlegten sie sich etwas anderes. Aus den Ästen
unbequeme – große	und Zweigen, die dort so herumlagen, bauten sie sich
schufteten – spielten	eine ________________ Hütte. Sie ______________
	gemeinsam bis zum Abend. Als die Hütte fertig war,
wiederzutreffen –	fiel doch noch eine Entscheidung, nämlich die, sich am
waschen	nächsten Tage ______________________ …

Übung 2

In Berichten kommt es auf präzise, passende Formulierungen an. Die folgenden Sätze stammen aus Berichten. Streiche die jeweils nicht passenden Formulierungen durch.

Der Krankenwagen (fuhr / rumpelte / flitzte) mit Blaulicht und (hoher / wahnsinniger / rasanter) Geschwindigkeit zum Unfallort.
Ein (Spürhund / Schäferhund / Hirtenhund) fand nach einer Gasexplosion ein (verschüttetes / benommenes) Mädchen unter (den Zimmern /den Trümmern / der Mauer) des eingestürzten Hauses.
Die Entdeckung eines drei Meter großen Hais vor der italienischen (Meerenge / Touristeninsel / Mittelmeerküste) Elba sorgte für Aufregung bei den Touristikunternehmen. Es wurde sofort Alarm (gemacht / ausgelöst / veröffentlicht) und ein Badeverbot (befohlen / verhängt / gegeben). Der (Raubfisch / Menschenfresser) wurde von Fischern mehrmals an der Nordostküste (gesichtet, erblickt, beobachtet).

Übung 3

Der folgende Bericht enthält Formulierungen, die eher für eine Erzählung geeignet sind, aber nicht für eine sachliche Information der Leserin/des Lesers. Unterstreiche diese unpassenden Formulierungen.

Bissiger Ladendieb
Durch einen Biss in die Hand ist am gestrigen sonnigen Dienstagnachmittag ein Ladendieb seinem wutschnaubenden Verfolger entkommen. Er hatte aus einem wunderschönen Bekleidungsgeschäft in der Innenstadt zwei sündhaft teure Lederjacken mitgehen lassen, teilte die überaus aufgebrachte Polizei mit. Ein unglaublich mutiger Passant konnte den Mann schließlich einholen und stellen. Daraufhin biss der Dieb mit dem Mut der Verzweiflung dem Verfolger in die Hand und flüchtete.

Beschreiben und Charakterisieren

Beim **Beschreiben** (von Personen, Tieren, Wegen, Versuchen, Vorgängen, Bildern) geht es darum, einem anderen etwas sachlich und korrekt so darzustellen, das sich dieser das Beschriebene möglichst genau vorstellen kann. Die Tempusform der Beschreibung ist das **Präsens**.

Die **äußere Beschreibung von Lebewesen** (Tiere oder Menschen) erfolgt nach den gleichen Kriterien.

1. Gesamteindruck der äußeren Erscheinung
2. Beschreibung von Einzelheiten (wie zum Beispiel das Aussehen bestimmter Körperteile).

Besonders **Menschen** werden oft nicht nur nach ihrem Äußeren beschrieben (wie zum Beispiel bei Vermisstenanzeigen), sondern auch nach ihren Gewohnheiten, ihrer besonderen Eigenart, ihrem Charakter und ihren Hobbys. Man spricht dann von **Charakterisieren**.
Auch bei **Tieren** kann man mehr beschreiben als nur das Aussehen, weil jedes Tier über seine Gattungsmerkmale hinaus bestimmte Eigenarten, Gewohnheiten und eine bestimmte „Persönlichkeit" hat.

Übung 1

Der folgende Text enthält typische Merkmale einer Erzählung und einer Beschreibung eines Tieres.
Kennzeichne die auf S. 78 genannten Merkmale durch **E** (Erzählung) oder **B** (Beschreibung), je nachdem, was zutrifft.

Tiger

Meine kleine fünfjährige Schwester Nicola hatte vor einiger Zeit Ärger mit ihren Freunden. Sie hatte ihnen erzählt, wir hätten einen Tiger zu Hause. Das wollte ihr niemand glauben.
Dies verhält sich so: Unserem Kater haben wir den Namen Tiger gegeben wegen seines schönen, schwarz, weiß und grau gestreiften Felles. Er ist nicht sehr groß, dafür aber schlank und sehr lebendig. Wir haben ihn jetzt schon sieben Jahre. Damals stand er eines Tages, er war noch nicht ganz ausgewachsen, miauend vor unserer Haustür. Ich habe ihm damals etwas mit Wasser verdünnte Milch hingestellt. Seitdem ist er unserem Hause nie länger als drei Tage ferngeblieben. Tiger ist ganz zahm und lässt sich gerne streicheln und auf den Arm nehmen. Trotzdem ist er ein richtiges Raubtier

geblieben. Da unser Haus und unser Garten unmittelbar an ein großes Feld grenzen, hat er ein ideales Jagdrevier. Und das nutzt er nicht selten aus. Manchmal schleppt er sogar ein junges Kaninchen an.
Auf der Terrasse unter dem Vordach hat ihm mein Vater eine kleine Hütte gebaut. Hier liegt er oft behaglich ausgestreckt auf einer Decke, wenn er etwas zu fressen bekommen hat oder wenn er sich von seinen Streifzügen in die Umgebung ausruht. Wenn die Sonne scheint, liegt er oft mitten auf der Terrasse und hat alle viere von sich gestreckt. Wenn ich auf die Terrasse gehe, kommt er plötzlich an und streicht mir um die Beine und schmiegt sich an. Dabei lässt er ein tiefes, behagliches Schnurren hören. Wenn ich ihn streichle, macht sein Rücken die Streichelbewegungen mit. Liege ich im Liegestuhl und lasse die Hand herunterhängen, kommt er oft an, reibt seinen Kopf an meiner Hand oder leckt mir die Finger, um gestreichelt zu werden. Aber er kann auch böse werden. Dann macht er einen Buckel, klemmt den Schwanz ein und faucht. Aber das ist selten, z. B. wenn ein fremder Kater oder ein Hund in unserem Garten auftaucht. Sonst aber ist Tiger anhänglich und zutraulich.

- ○ Darstellungsteile im Präteritum
- ○ Darstellungsteile im Präsens
- ○ äußere Merkmale des Tieres
- ○ Ich-Erzählerin
- ○ besondere Eigenarten des Tieres
- ○ der Name *Tiger*
- ○ Darstellung, wie das Tier der Familie zugelaufen ist
- ○ allgemeine Merkmale der Gattung *Katze*
- ○ Verhaltensweisen beim Auftauchen eines Hundes

Übung 2

Stell dir vor, der Kater mit dem Namen *Tiger* ist plötzlich verschwunden und du formulierst für die Nachbarschaft oder für einen Anschlag im Supermarkt eine Suchbeschreibung des Tieres.

Stelle zunächst die wichtigsten Erscheinungsmerkmale zusammen:

Kater, ________________________________

____

Erfinde für die Suchbeschreibung ein aktuelles Datum. Denke auch daran, dass du mit einer solchen Beschreibung bestimmte Menschen ansprechen willst und eine bestimmte Absicht verfolgst; formuliere also die entsprechende Bitte oder Aufforderung. Gib deine Anschrift an. Schreibe deinen Text auf ein Blatt oder entwirf ihn am PC.

Übung 3

Der folgende Text ist keine objektive Beschreibung (wie z. B. bei einer Suchbeschreibung oder einem Steckbrief), sondern das Personenporträt einer Oma aus der wertenden Sicht ihres Enkels. Man kann sein Porträt damit als Charakterisierung bezeichnen.
Setze passende wertende Ausdrücke aus dem Wortspeicher in das Personenporträt ein.

Meine Oma – ein Mensch, den ich mag!

Ich mag meine Oma. Sie ist 62 Jahre alt. Ihre Haare sind schwarz, aber auch schon ein wenig grau. Sie hat ein ______________________________, das aber viele kleine Blutäderchen hat. Ihre Augen blicken ______________. Ihr besonders kennzeichnendes Kleidungsstück ist ein weißer Kittel, den sie oft trägt. Sie hat nämlich ein Lebensmittelgeschäft in einem kleinen Ort auf dem Lande. Ihr Schuhe sind oft hochhackig.

Meine Oma ist eine sehr ______________________________. Sie ist ________________________ und zu allen Leuten __________. Wenn sie sich sehr aufregt, kriegt sie einen roten Kopf und einen höheren Blutdruck. In der Mittagszeit schläft sie fast immer. Wie alle Omas sich um ihre Enkel sorgen, so sorgt sich auch meine Oma um mich.

Meine Oma kann noch __________________________ und arbeitet in ihrem Geschäft _________________________. Sie geht, wie mein Opa, ______________________. Meine Oma ist ___________________ ________________, aber doch ________________. Sie merkt sofort, wenn einer aus unserer Familie Kummer hat. Dass sie ________________ ist, sieht man daran, dass sie unseren Rauhaardackel sehr lieb hat und ihn gerne nimmt, wenn wir in Urlaub fahren. Wenn wir bei meiner Oma sind, versucht sie, uns das Leben _______________________________ zu machen.

Ich finde, dass meine Oma eine ____________________________ ist.

Sie hat ___________________________, von denen ich ja eine ganze

Menge genannt habe. In Anbetracht dieser Eigenschaften komme ich sogar zu dem Schluss, dass sie ein ________________________________ ist.

freundlich, faltenloses Gesicht, niemals bösartig, warmherzige Frau, nett, sehr gut denken, gern spazieren, mit Freude, tierlieb, nicht sehr empfindlich, feinfühlig, so angenehm wie möglich, Musterexemplar von Oma, viele gute Eigenschaften, sehr sympathische Frau

Übung 4

Vielleicht macht es dir Spaß, dich einmal selbst zu **beschreiben** und dabei auch deine besonderen Eigenschaften und Verhaltensweisen, deine Vorzüge und das, womit du nicht ganz zufrieden bist, zu **charakterisieren**. Dabei können dir die folgenden Hinweise helfen.

Du beschreibst
- dein Äußeres (dazu stellst du dich am besten vor den Spiegel und beobachtest dich genau)
- deine Eigenarten:
  Welche Vorlieben hast du? Was magst du?
  Was magst du nicht? (z. B. Kleidung, Essen)
  Welche besonderen Stärken hast du bei dir entdeckt?
  Welche Schwächen kennst du?
  Was kann dich aufregen?
  In welchen Bereichen bist du besonders empfindlich?
  Was wünschst du dir für dich und deine Zukunft?

Arbeit am Sprachstil

Übung 1

Wenn man in einem Text zu viele substantivische Ausdrücke gebraucht, klingt das oft schwerfällig und umständlich. Setze in den folgenden Sätzen stattdessen ein Verb ein. Du darfst dabei die Sätze auch umstellen.

Die Vorschläge werden einer sorgfältigen Prüfung unterzogen. (prüfen)

Die Vorschläge werden sorgfältig geprüft.

Für die Beseitigung der wilden Müllkippen muss Sorge getragen werden. (beseitigen)

Man muss ______________________________

Gestern kam in der Aula ein Theaterstück der Theater-AG zur Aufführung. (aufführen)

Gestern wurde ______________________________

____

Der Rat der Fachleute muss in Erwägung gezogen werden. (hören)

Man muss ______________________________

Die nochmalige genaue Überprüfung der Aufgaben wird in Wegfall kommen. (wegfallen)

____

____

Das Aussetzen von Haustieren ist unter Strafe gestellt. (aussetzen, bestrafen)

Jeder, der _______________ , _______________

____

Zu Beginn der Feier erfolgte seitens des Schulleiters die Vorstellung der Mitwirkenden zwecks Bekanntmachung gegenüber den anwesenden Schülern. (vorstellen)

Zu Beginn der Feier ______________________________

____

____

Übung 2

In Schreib-Situationen mit Appellcharakter (wie Aufruf, Plakatanschlag) wirkt es klarer und wirkungsvoller, wenn du aus einem Verb ein Nomen/Substantiv machst. Schreibe den folgenden Aufruf entsprechend um. Unterstreiche die Verben, die zu einem Nomen geworden sind.

Wir fordern für das Tierheim,
- dass artgerechte Käfige angelegt werden
- dass eine Tierpflegerin eingestellt wird
- dass die Gemeinde das Tierheim großzügig fördert
- dass zusätzliche Tiere aufgenommen werden

Aufruf
Wir fordern für das Tierheim:

– die Anlage artgerechter ____________________

____

– die ____________________

____

– eine ____________________

____

– die ____________________

____

Übung 3

Die folgenden Sätze sind missverständlich. Mache dir klar, wer jeweils gemeint ist, indem du ein Personalpronomen durch das passende Nomen ersetzt.

Seinem hungrigen Kater stellt Peter eine Schüssel Milch hin.
Er stürzt sich sofort darauf und schleckt sie gierig auf.

Der Kater ____________________

____

Meine Tante schenkte mir eine Sparbüchse. Sie war ein Schwein.

____

Als Paulina ihre kleine Katze wieder in ihr Zimmer ließ, machte sie auf den Fußboden.

Wenn Ihre Frau die Bescheinigung unterschrieben hat, werfen Sie sie bitte in den Briefkasten.

Michael hatte sich an seinen Computer gesetzt, doch er kam nur langsam in Fahrt.

Übung 4

Die folgenden Texte enthalten „Stilblüten", das heißt unfreiwillig komische Formulierungen. Unterstreiche die entsprechenden Formulierungen. Korrigiere, indem du darüberschreibst oder neu schreibst.

… Klasse und Lehrer bilden die Klassengemeinschaft. Der Lehrer sollte geduldig mit seinen Schülerinnen und Schülern umgehen. Aber auch eine Schülerin sollte einen Lehrer nicht vor der Klasse beschimpfen oder entblößen …

Aus einer Unfallschilderung … Sie kam von links, ich kam von rechts und wollte nach links abbiegen. Ich fuhr weiter, als ich sah, dass sie mich gesehen hatte. Sie gab aber auch Gas, denn sie hatte nicht gesehen, dass ich gesehen hatte, dass sie mich gesehen hatte …

Die Konjunktion

Wie die deutsche Bezeichnung **Bindewort** verdeutlicht, verbinden **Konjunktionen** Wörter, Wortgruppen oder Sätze miteinander.

Nebenordnende Konjunktionen

Bestimmte Konjunktionen verbinden Sätze oder Teile im Satz, die gleichrangig sind und auf einer Ebene stehen. Sie heißen daher **nebenordnende oder gleichordnende Konjunktionen**. Solche Konjunktionen sind zum Beispiel: *und, sowie, oder, weder … noch, nicht nur … sondern auch, sowohl … als auch.*

Übung 1

Das Wort ***und*** ist eine der am häufigsten gebrauchten Konjunktionen.
Beispiel: Karin, Bernd **und** Jens treffen sich in der Stadtbücherei.

Kennzeichne durch Unterstreichen wie im Beispiel oben, welche Wörter, Wortgruppen oder Sätze miteinander verbunden werden.

Teresa sucht einen Comic über Indianer und Jens schaut nach einem Krimi.
Sven und Maria interessieren sich für Kassetten und Schallplatten.
Maria entscheidet sich schließlich für einen Tierfilm, Teresa findet einen Comic, und Sven nimmt nichts mit.

Übung 2

Kennzeichne die Konjunktionen durch eine Wellenlinie. Unterstreiche die Teile, die durch die Konjunktionen miteinander verbunden werden.

In die Bücherei kommen Erwachsene und Kinder.

Sie verfügt sowohl über eine große Kinderbuchabteilung als auch über eine Riesenauswahl für erwachsene Leser. In der Kinderbuchabteilung suchen Kinder in den Regalen oder sie sitzen an Lesetischen. In der Auslage ist ein neues und interessantes Buch ausgestellt. Sven kann sich nicht entscheiden. Ihn interessiert alles und jedes. Maria findet weder etwas über Webtechniken noch etwas über Tischtennis. Teresa findet Krimis langweilig, doch sie liest schrecklich gern Reisebeschreibungen. Helge interessiert sich sowohl für Expeditionsberichte als auch für Krimis. Die nette Bibliothekarin erklärt den Gebrauch des Katalogs sowie den Standort der Themenbereiche.

Test

Konjunktionen können unterschiedliche Funktionen haben.

- **Konjunktionen, die aufzählen und verbinden:**
  und, sowie, sowohl … als auch, weder … noch, nicht nur … sondern auch
- **Konjunktionen, die mehrere Möglichkeiten angeben:**
  entweder – oder, oder
- **Konjunktionen, die einen Gegensatz verdeutlichen:**
  aber, trotzdem, sondern, doch
- **Konjunktionen, die den Grund angeben:**
  denn, deshalb

Füge passende Konjunktionen in die Lücken ein. Beachte: Manche Konjunktionen bestehen aus zwei Teilen.

Bettina empfiehlt ein spannendes und interessantes Buch. Es ist das Buch „Wolfsblut" von Jack London, das ________ junge Leser ________ Erwachsene interessieren könnte.

Für das Leben des in Alaska geborenen Halbwolfs gilt die Devise: überleben ________ zu Grunde gehen. Du erfährst, wie Wolfsblut, das Kind eines Wolfes ________ einer verwilderten Hündin, in der lebensfeindlichen Welt Alaskas fast zu Grunde geht, ________ schließlich trotz aller Widrigkeiten überlebt ________ sogar immer stärker wird. Unter dem Einfluss eines brutalen Herrn entwickelt sich Wolfsblut ________ zum Schrecken der Hunde ________ zur Gefahr für die Menschen. ________ als der junge ________ gütige Minenfachmann Weedon Scott in sein Leben tritt, verändert sich alles, ________ er wird schließlich ein äußerst treuer ________ verlässlicher Haushund. Dieses Buch findet bestimmt euer Interesse, ________ es ist äußerst spannend erzählt.

Unterordnende Konjunktionen

Bestimmte Konjunktionen leiten einen Gliedsatz (Nebensatz) ein, dieser wird durch die Konjunktion einem Hauptsatz (Basissatz) untergeordnet.

Hauptsatz	**Gliedsatz**
Svenja liest das Buch an einem Tag durch,	**weil** das Schicksal des Tieres sie interessiert.

Die Konjunktion *weil* ist in diesem Satz eine **unterordnende Konjunktion**, durch die der Gliedsatz dem Hauptsatz untergeordnet wird.
Die Konjunktion *weil* gibt den **Grund** an.

Dies sind weitere unterordnende Konjunktionen mit ihren Bedeutungszusammenhängen.

Angaben zur Zeit machen:	*bis, als, nachdem, bevor, während*
Angaben zum Grund:	*weil, da*
Angaben zu Ziel, Zweck, Absicht:	*dass, damit*
Angaben zur Bedingung:	*sofern*
Angaben zum Gegensatz:	*obwohl, obgleich*

Übung 3

Setze in die Lücken passende Konjunktionen ein. Kennzeichne die Hauptsätze durch Unterstreichung und die Gliedsätze durch eine Wellenlinie wie im Beispiel.

Nachdem etliche Zeit vergangen war, hatte sich Wolfsblut an seinen neuen Herrn Weedon Scott gewöhnt. Aus der anfänglichen Abneigung wurde allmählich eine zärtliche Zuneigung. ______________ Wolfsblut nichts über dieses Gefühl wusste, entwickelte er allmählich die intensivsten Gefühle gegenüber seinem neuen Herrn. ______________ der neue Herr und Meister nicht da war, zeigte das Tier ganz offensichtlich Schmerz und Unruhe. ______________ er gern in der Gegend herumgestreift wäre, wartete er stundenlang auf den harten Hausstufen, ______________ sein Herr zurückkehrte. ______________ dieser dann spät am Abend heimkehrte, zeigte der Wolfshund seine Freude und Zuneigung. Sogar sein Futter ließ Wolfsblut stehen, ______________ er mit seinem Herrn ausgehen durfte.

__________ sein Herr eine schier unendliche Geduld mit der vorher so wilden Bestie gezeigt hatte, entwickelte sich jetzt die Anhänglichkeit Wolfsbluts auf die rührendste Weise.

__________ sein Herr einmal für längere Zeit verreisen musste, wollte Wolfsblut weder im Schlittengespann arbeiten noch fressen. Matt, der Hundeführer, schrieb seinem Freund Weedon, __________ der Hund wohl bald sterben werde.

__________ sein Herr wieder da war, erholte sich Wolfsblut schnell wieder.

Übung 4

Im Folgenden stehen jeweils zwei Hauptsätze unverbunden (als Satzreihe) nebeneinander. Stelle einen deutlichen inhaltlichen Bezug her, indem du die beiden Sätze durch eine passende Konjunktion zu einem Satzgefüge verknüpfst. Beachte: Der Gliedsatz mit Konjunktion kann im Satzgefüge vorn oder hinten stehen. Gliedsatz und Hauptsatz werden durch ein Komma getrennt.

Indianergeschichte

Die Indianerfrau nähte aus Hirschleder eine Hose. Der Indianermann reparierte seinen Bogen.

Der Indianermann wollte auf die Jagd gehen. Die Familie brauchte etwas zum Essen.

Der Indianerjunge war noch nicht alt genug. Der Indianermann nahm ihn mit.

Er sollte den Vater begleiten. Er lernte so seine Umwelt und seinen Lebensraum kennen.

Kommasetzung

Hier kannst du Kommaregeln trainieren, die du zum Teil schon aus der Klasse 5 und 6 kennst. Zusätzlich kannst du Regeln üben, die für das 7. Schuljahr neu sind.

! Ein wichtiger **Tipp** vorab:
Viele Kommas kannst du richtig setzen, wenn du deutlich und betont sprichst und genau hinhörst.
Verlass dich dabei ruhig manchmal auch auf dein Gefühl!

Übung 1

Versuche dies bei den folgenden Sätzen.

Kati komm doch mit zum Schwimmen. (1)
Pedro musste weil sein Fahrrad kaputt war zu Fuß gehen. (2)
Mia war böse Jakob sagte nichts mehr Tina beschäftigte sich selbst. (2)
Lars dieser kleine Lümmel hatte die Tischdecke heruntergezogen. (2)

Lies die Sätze noch einmal. Sprich die Sätze, höre genau hin. In Klammern steht jeweils die Zahl der Kommas.
Kontrolliere jetzt in deinem Lösungsheft.

Komma bei Aufzählungen

Aufzählungen von einzelnen Wörtern oder Wortgruppen werden durch Komma getrennt. Vor bestimmten nebenordnenden Konjunktionen steht **kein** Komma. Solche Konjunktionen sind: *und, oder, sowie, entweder … oder, sowohl … als auch, weder … noch.*

Übung 2

Setze die fehlenden Kommas ein.

Im Safari-Park
Endlich ist schönes Wetter. Deshalb wollen Herr Rietberger seine Frau Tochter Elsa und die Söhne Tim und Julian zum Safari-Park fahren.
Bevor es losgeht, kontrolliert Herr Rietberger die Rückleuchten des Autos. Frau Rietberger sieht noch einmal nach dem Herd Tim ruft seinem neuen Kanarienvogel „Tschüss“ zu.

Die Rietbergers erreichen nach einer Stunde Fahrt den Safari-Park. Parkplätze Wiesen Straßenränder stehen bereits voller Autos. Rietbergers wollen mit ihrem Wagen durch den Park fahren. Für Elsa Tim und Julian zahlt Frau Rietberger an der Kasse einen ermäßigten Preis. Langsam fahren sie in den Park ein. Tiger Löwen und andere Raubtiere kann man ganz aus der Nähe betrachten. Auf einer geraden Strecke hält Herr Rietberger seinen Wagen an, denn auf einer großen Wiese neben der Straße weiden Giraffen Zebras und Büffel. Ein junger Elefant kommt langsam heran bleibt vor dem Wagen stehen und begutachtet mit seinem Rüssel die Scheibe der Wagentür. Nach ca. 30 Minuten fährt Herr Rietberger auf den Ausgang zu sucht eine Stelle zum Parken und lädt seine Familie zu einem Eis ins Café des Vergnügungsparks ein.

Komma bei Einschüben im Satz, bei nachgestellten Bestimmungen

!

Einschübe im Satz sowie nachgestellte nähere Bestimmungen werden durch ein Komma vom übrigen Satz abgetrennt.

Einschub

Beispiele: Vanessa, meine Freundin, kann heute nicht kommen.
Er interessiert sich für Musik, und zwar für Rock.

nachgestellte Erklärung

Übung 3

Setze die Kommas ein.

Der Schüler Max T. er hatte im letzten Jahr einen Vierjährigen vor dem Ertrinken gerettet wurde mit einer Rettungsmedaille ausgezeichnet.
Die Rolle von Marina unserer besten Mitspielerin musste kurzfristig neu besetzt werden.
Alexander er ist erst dreizehn Jahre alt hat einen Computer zusammengebastelt.
Herr Lödige der Leiter der Theatergruppe hat mit uns einen Sketch eingeübt.
Mit Frau Funke unserer Schwimmlehrerin fahren wir morgen zu den Schwimmwettkämpfen ins Sennebad.
Über Farina die Gewinnerin im Schachturnier wurde gestern in der Zeitung berichtet. Er spielt in der Theater-AG mit und zwar zusammen mit Mike.
Sie will gerne kommen aber nicht heute.

Übung 4

Bilde Einschübe und setze dabei die Kommas wie im Beispiel. Schreibe die Sätze auf ein Blatt oder am PC. Achte beim Einbau auf die richtige Fallsetzung.
Beispiel: Die Zuschauer schauten der Kunstturnerin, einem noch sehr jungen Mädchen, gebannt zu.

der große Physiker

er war eine geniale Persönlichkeit

eine Spezialistin in Kurzstrecken

ein noch sehr junges Mädchen

ein „Import" aus Italien

ein ausgesprochener Rasenspieler

Der Tennisstar konnte das Match nicht für sich entscheiden.

Die Zuschauer schauten der Kunstturnerin gebannt zu.

Die Läuferin rannte ihrer Konkurrentin davon.

Dem Fußballspieler gelang fast jede Aktion.

Otto Hahn entdeckte die Kernspaltung.

Kolumbus entdeckte einen neuen Kontinent.

Komma bei Ausrufen und Anreden

Ausrufe und Anreden werden durch Komma vom übrigen Satz abgetrennt.

Übung 5

Setze die fehlenden Kommas.

Lieber Klaus

wir möchten dir nur kurz mitteilen, dass wir hier gut angekommen sind.

Bleib doch noch ein Stündchen Lisa.

Wie geht das schon wieder los?

Das meine Dame scheint mir nun wirklich übertrieben!

Lass das sein Hanno!

Au da hast du mir aber wehgetan!

Kommas bei erweiterten Infinitiven

Bei **erweiterten Infinitiven** wird in der Regel ein Komma gesetzt.
Besondere Kommasignale:

- Infinitivgruppe mit ***um zu, ohne zu, anstatt zu, außer zu, als zu***
- Infinitivgruppe hängt von einem **Nomen** ab
- Infinitivgruppe hängt von einem **Verweiswort** ab

Beispiel: Er kam, **um** mich **zu** besuchen.
Sie übernimmt die **Aufgabe,** für Musik **zu** sorgen.
Er kam nicht **darauf,** sie um Rat **zu** fragen.

Manchmal setzt man bei erweiterten Infinitiven an einer bestimmten Stelle ein Komma, um **Missverständnisse zu vermeiden.**

Beispiel: Er bat sie, heute noch zu kommen.
Er bat sie heute, noch zu kommen.

Wenn du auf Nummer Sicher gehen willst, setzt du bei erweiterten Infinitiven ein Komma.

Übung 6

Ergänze die fehlenden Kommas. Verändere mit dem Komma jeweils den Sinn der doppelten Sätze, indem du es an unterschiedliche Stellen setzt.

Sie rieten ihm ganz schnell zu folgen.
Sie rieten ihm ganz schnell zu folgen.

Sie verbietet ihm solche Witze zu erzählen.
Sie verbietet ihm solche Witze zu erzählen.

Emmily erzählt von ihrem Wunschtraum die ganze Mathearbeit neu zu schreiben.

Er erwartet heute von ihr abgeholt zu werden.
Er erwartet heute von ihr abgeholt zu werden.

Ich freue mich darauf dir bald eine Ansichtskarte zu schreiben.

Er verspricht ihr jeden Tag an sie zu denken.
Er verspricht ihr jeden Tag an sie zu denken.

Ich hoffe jeden Tag in die Disco gehen zu können.
Ich hoffe jeden Tag in die Disco gehen zu können.

Anstatt ihn zu beachten ging sie einfach an ihm vorbei.

Er gab ihr das Versprechen öfter zu schreiben.

Komma zwischen Hauptsätzen (Satzreihe)

Zwischen zwei Hauptsätzen, die inhaltlich aufeinander bezogen sind, kann ein Punkt oder ein Komma stehen.

Satzreihe

Hauptsatz			**Hauptsatz**
Sarah muss heute eine Mathearbeit schreiben	.		Lara macht eine Klassenfahrt.
Sarah muss heute eine Mathearbeit schreiben	,		Lara macht eine Klassenfahrt.
Sarah muss heute eine Mathearbeit schreiben	,	**aber** **doch …**	Lara macht eine Klassenfahrt.
Sarah muss heute eine Mathearbeit schreiben	.	**Aber** **Doch …**	Lara macht eine Klassenfahrt.

Übung 7

Schreibe die folgende Satzreihe in die drei noch fehlenden Möglichkeiten um. Nutze dazu die Konjunktionen (Bindewörter) ***aber*** oder ***doch***.

Julia sitzt in der Sonne. Tim sitzt vor dem Fernsehapparat.

____

____

____

Übung 8

Setze die Kommas. Unterstreiche die beiden Hauptsätze.

Mike und Connie können nicht kommen die Party soll trotzdem steigen.

Ihr könnt kommen aber ihr könnt es auch bleiben lassen.

Es gibt Limo und Cola aber Alkohol gibt es nicht.

Beachte, dass vor ***und*** oder ***oder*** zwischen Hauptsätzen normalerweise kein Komma steht. Die Hauptsätze gelten dann als Aufzählung.
Bei längeren Sätzen oder möglichen Missverständnissen solltest du ein Komma setzen, um den Satz besser zu gliedern und lesbarer zu machen.

Übung 9

Verbinde jeweils die beiden Sätze mit einer passenden Konjunktion aus dem Wortspeicher. Setze jeweils das Komma und verändere entsprechend die Schreibung des Satzanfangs beim zweiten Satz. Schreibe auf ein Blatt oder am PC.

Helen will in ihrem kleinen Zimmer eine Fete veranstalten.
Sie möchte ihre ganze Clique dazu einladen.

Alle haben ihre Teilnahme zugesagt.
Irma kann wegen eines Tennisturniers nicht kommen.

Alle räumen hinterher mit auf.
Kai verdrückt sich mal wieder.

Alle wollen nach der Fete noch spazieren gehen.
Es fängt leider an zu regnen.

Doch keiner lässt sich abschrecken.
Die Fete endet unter Regenschirmen.

und
aber
doch
daher

Komma zwischen Hauptsatz und Gliedsatz (Satzgefüge)

Hauptsatz und Gliedsatz werden im Satzgefüge immer durch ein Komma abgetrennt. Ebenso werden Gliedsätze durch ein Komma getrennt, außer wenn sie durch *und* oder *oder* verbunden sind.
Beispiele:
Herr Körner fährt die Teilnehmer der Party nach Hause,

weil es spät geworden ist.

Karin möchte etwas eher gehen, weil sie daran denkt,

dass sie am nächsten Morgen früh rausmuss.

Die **konjunktionalen Gliedsätze** in den Beispielen werden durch eine **unterordnende Konjunktion** eingeleitet. Der Gliedsatz wird damit dem Hauptsatz (Basissatz) untergeordnet.

Übung 10

Konjunktionale Gliedsätze können vorn oder hinten im Satzgefüge stehen. Forme die Beispielsätze aus dem Kasten S. 93 entsprechend um. Kennzeichne die Hauptsätze durch Unterstreichen und die Gliedsätze durch Unterschlängeln.

Weil es ______________________________

____

Weil Karin daran ______________________________

____

____

Übung 11

Verbinde die Sätze mithilfe der angegebenen Konjunktionen. Schreibe auf ein Blatt. Setze jeweils das Komma. Achte darauf, dass sich im Satzgefüge die Stellung des Verbs ändern kann.

(weil)
Johanna lädt alle ihre Freunde zu einer Fete ein. Sie will ihren 14. Geburtstag ganz groß feiern.

(während)
Tessi rührt einige Saucen für die Chips an. Carina stellt die Gläser auf den Tisch.

(bevor)
Die Fete geht los. Johanna muss noch schnell einen Kasten mit Getränken aus der Garage holen.

(damit)
Die Jugendlichen sind unter sich. Die Eltern verlassen schon bald den Partykeller.

(obwohl)
Sarah, Tim und Boris sind nicht gekommen. Die Stimmung ist super.

Übung 12

Umkreise die Konjunktion. Unterstreiche den Hauptsatz und kennzeichne den Gliedsatz mit einer Wellenlinie. Setze die Kommas.

Nachdem Johanna ihren Lieblingssong vorgestellt hat legen die anderen nacheinander ihre mitgebrachten CDs auf.

Bevor Max und Alexander den Grill in Gang setzen wollen alle noch ein bisschen tanzen damit sie richtig Appetit bekommen.

Alle kriegen mit dass sich Malena und Jakob mögen weil sie die ganze Zeit zusammen tanzen.

Bis die Würstchen fertig sind berichtet Tom den anderen über die Supershow in der Messehalle.

Auch der **Relativsatz** ist ein Gliedsatz. Er ist im Satzgefüge dem Hauptsatz (Basissatz) untergeordnet und oft in diesen eingebaut.
Der Relativsatz wird von einem **Relativpronomen** *(der, die, das; welcher, welche, welches)* eingeleitet. Manchmal geht dem Relativpronomen eine **Präposition** voraus.

Beispiele:
Boris, **der** im Sport spitze ist, freut sich schon auf das Sportfest.
↑
Relativpronomen
↓
Karlo mag Jenny, **mit der** er manchmal Mathe übt.
↑
Präposition

Übung 13

Kennzeichne das Relativpronomen durch Einkreisen, den Hauptsatz durch Unterstreichen und den Gliedsatz durch eine Wellenlinie wie im Beispiel. Setze danach die fehlenden Kommas. Die jeweilige Anzahl ist in der Klammer angezeigt.

Coole Sprüche

Der Lehrer ist ein Mensch der Schülern hilft die Probleme zu lösen die sie ohne ihn nicht hätten. (2 und evtl. 1)

Kennst du die Kindergärtnerin die Bauklötze staunte? (1)

Keiner ist unnütz der noch wenigstens ein schlechtes Beispiel geben kann. (1)

Wusstest du schon dass es Menschen gibt die sich von dem Geld das sie nicht haben Dinge kaufen die sie nicht brauchen mit denen sie Leuten imponieren wollen die sie nicht mögen? (7)

Test

Setze die Kommas. Die Anzahl ist jeweils in der Klammer angegeben.

Moderner Dädalus

- Der erste Mensch der auf die Idee kam dass man zum Fliegen kaum mehr als die Muskeln braucht soll der Sage nach ein Grieche namens Dädalus gewesen sein. (3)
- Die Flügel mit deren Hilfe Dädalus und sein Sohn Ikarus dem König Minos von Kreta entkamen waren aus Federn und Wachs gefertigt. (2)
- Der Sage nach ertrank Ikarus nachdem er auf seinem Flug der Sonne zu nahe gekommen war sodass das geschmolzene Wachs die Flügel zerstörte und er ins Meer stürzte. (2)
- Im Jahre 1988 zeigte ein moderner Dädalus dass man über 120 Kilometer mit kaum mehr als Muskelkraft fliegen kann. (1)
- Der Grieche der als Radrennfahrer viele Siege errungen hatte musste 75-mal pro Minute in die Pedale treten damit sich der zerbrechliche Flugapparat in der Luft hielt. (3)
- Der Propeller des Flugapparates der aus Balsaholz Aluminium und Plastikfolie bestand durfte keinen Augenblick langsamer werden weil er sonst in das sieben Meter unter ihm glitzernde Meer gestürzt wäre. (4)
- Die Leistung die sich der Radrennfahrer abverlangte entsprach zwei unmittelbar hintereinander zu absolvierenden Marathonläufen. (2)
- Weil der Flugapparat am Ziel einer plötzlichen Windböe nicht standhielt stürzte er beim Landungsversuch ins Meer. (1)